动力电池与储能技术丛书

电池管理系统（BMS）设计与制造技术

许铀　魏亮亮　刘鲁新　熊会元　雷晓　著

机械工业出版社

新能源汽车的推广与技术研发是我国实现双碳目标的重要手段。动力电池系统作为新能源汽车的主要能源，其性能好坏直接影响整车的安全性及续驶里程。电池管理系统（BMS）可以对动力电池进行信息采集、性能预测、状态控制及预警防护，为新能源汽车安全、可靠的使用提供有效保障。

近十年来，作者与国内多家新能源汽车生产企业及动力电池生产企业合作，对BMS 开发技术进行了深入的研究和探索。本书结合作者近年来的工作实践，针对BMS 产品的工程化问题，分别从 BMS 产品的概况、开发及产品周期、硬件设计、软件设计、测试及验证等方面，系统地对 BMS 产品设计与制造过程各个环节的具体内容、相关指标及可采取的方法与手段进行了探讨。

本书可作为新能源汽车 BMS 产品开发从业者的参考书，也可作为非汽车用储能电源的技术人员的参考书。

图书在版编目（CIP）数据

电池管理系统（BMS）设计与制造技术 / 许铀等著 . —北京：机械工业出版社，2023.11（2025.6 重印）
（动力电池与储能技术丛书）
ISBN 978-7-111-73859-6

Ⅰ . ①电… Ⅱ . ①许… Ⅲ . ①新能源—汽车—蓄电池—管理 Ⅳ . ① U469.703

中国国家版本馆 CIP 数据核字（2023）第 174490 号

机械工业出版社（北京市百万庄大街 22 号　邮政编码 100037）
策划编辑：刘星宁　　　　　责任编辑：刘星宁　闻洪庆
责任校对：郑　婕　李小宝　封面设计：马精明
责任印制：常天培
河北虎彩印刷有限公司印刷
2025 年 6 月第 1 版第 4 次印刷
184mm×240mm · 12 印张 · 276 千字
标准书号：ISBN 978-7-111-73859-6
定价：79.00 元

电话服务　　　　　　　　网络服务
客服电话：010-88361066　机 工 官 网：www.cmpbook.com
　　　　　010-88379833　机 工 官 博：weibo.com/cmp1952
　　　　　010-68326294　金 书 网：www.golden-book.com
封底无防伪标均为盗版　机工教育服务网：www.cmpedu.com

前　言

从 2000 年到 2022 年，我国汽车产量从 200 多万辆增加到 2700 多万辆，增长了 13 倍以上，目前销量已连续多年位居世界第一。在全球实现"碳达峰、碳中和"的目标推动下，进一步细化我国汽车强国战略目标，缓解能源危机及实现环境保护，将汽车产品推向"低碳化、信息化、智能化"的技术趋势，我国新能源汽车产业经过多年的持续努力，技术水平显著提升，产业体系日趋完善，其销量目前已超过全球市场的 50%，成为全球最大的新能源汽车市场，呈现市场规模、发展质量"双提升"的良好局面。动力电池系统作为新能源汽车的核心零部件，其质量好坏直接关系到整车安全、稳定和续驶里程。制造科学合理、功能完善的电池管理系统(Battery Management System，BMS)，是对电池系统进行实时监测、故障排查及安全预警的必要前提，也是提升我国动力电池系统产品质量及国际竞争力的有力支撑。

"能否有一本图书，系统地对 BMS 功能、产品开发周期及流程、软硬件设计以及测试验证进行介绍，为 BMS 生产企业和研发人员提供参考和指引，规范 BMS 产品制造和生产？"这样的图书逐渐成为当前众多电池系统从业人员在学习和研发过程中渴望获得的资料。

鉴于上述想法，作者结合多年在动力电池系统领域的理论研究及产品开发经验，编写了本书。本书针对 BMS 产品的工程化问题，分别从 BMS 产品的概况、开发及产品周期、硬件设计、软件设计、测试及验证等方面，系统地对 BMS 产品设计与制造过程各个环节的具体内容、相关指标及可采取的方法与手段进行了探讨。希望能实现两个目的：其一，为电池系统从业人员、BMS 研发及制造人员提供一本关于 BMS 开发及制造的参考用书；其二，抛砖引玉，希望引起更多同行朋友对这一技术领域的重视，共同促进新能源汽车动力电池系统的快速发展。为方便同行进行沟通交流，作者注册了电子邮箱 (uhui@gpnu.edu.cn)，欢迎来信讨论。

本书由广东技术师范大学许铀教授主笔，中山大学魏亮亮副教授负责 BMS 概况内容的撰写，刘鲁新高工负责 BMS 工程化应用内容的撰写，中山大学熊会元副教授负责 BMS 硬件设计内容的撰写，西安迅湃快速充电技术有限公司雷晓高工负责 BMS 测试及验证内容的撰写。在写作过程中，中山大学新能源汽车研究中心的谭晓军教授给予了全面的指导。

本书的大部分内容是广东省重点领域研发计划项目"高可靠全监控智能电芯系统的技术研发及应用"(2023B0909050002)、广州市重点研发计划项目"面向多层面安全防控的城市电动自行车高性能电池技术研发与应用"(2023B03J0002)、广东技术师范大学校级博士点建设单位科研能力提升项目"面向道路交通的新能源汽车动力电池系统安全监控技术研发及应用"(22GPNUZDJS43)、广东省智能交通系统重点实验室开放基金课题"基于'机、电、热'

多参数模型的三元电池性能评价"(202005004)的研究成果，谨此一并致谢广东省科技厅、广州市科技局、广东技术师范大学科研处的支持和项目组成员们的辛勤劳动。

  由于作者水平有限，书中疏漏和不当之处在所难免，敬请广大读者批评指正。

作　者

作者简介

许铀，广东技术师范大学汽车与交通工程学院教授，车辆工程系系主任，广东省新能源汽车电源与安全系统工程技术中心副主任，长期从事新能源汽车关键技术研究、整车电力电子系统研发、精密反求装备研发。近年来，主持多项省部级项目，获得广东省科技进步三等奖 1 项、东莞市科技进步二等奖 1 项、广东省机械工业科学技术二等奖 1 项，在国内外学术刊物上发表论文近 25 篇，其中三大索引收录 11 篇，已获国家发明专利 5 件、实用新型专利 3 件、软件著作权 5 件。

魏亮亮，中山大学智能工程学院副教授，长期从事新能源汽车、电池管理系统、电池储能和永磁电机等研究。近年来，主持国家自然科学基金青年基金项目 1 项，参与深圳市双碳项目 1 项等。获得湖北省科技进步一等奖 1 项，在国内外学术刊物上发表论文近 26 篇，其中以第一作者或通讯作者发表 SCI 论文 9 篇。

刘鲁新，毕业于清华大学电子工程系，硕士研究生学历，从 2009 年开始长期从事锂电池电池管理系统关键技术研究。近年来，参与多项国家级储能 863 计划、973 计划科研项目，获得广西科技进步奖，组建广东省储能工程技术中心，在国内外学术刊物上发表论文多篇，已获国家发明专利及实用新型专利多件。

熊会元，中山大学智能工程学院副教授、博士生导师，广东省新型轻量化电动汽车工程实验室副主任。长期从事新能源汽车整车集成、动力总成、自动驾驶等关键技术研究。近年来，主持国家级重大项目、广东省重大科技专项等省部级项目，获得广东省科技进步三等奖 1 项、东莞市科技进步二等奖 1 项、首届"兴智杯"全国人工智能创新应用大赛行业大赛二等奖、中国产学研创新成果奖等奖项，在国内外学术刊物上发表论文近 60 篇，其中包括 SCI/EI 期刊论文 20 余篇、ESI 论文 1 篇，已获国家发明专利 20 余件。

雷晓，毕业于南京邮电大学，硕士研究生学历。曾任职中国航天科技集团公司下属研究所，参与过多个国家重点型号项目。目前就职于西安迅湃快速充电技术有限公司，从事新能源汽车测试技术前瞻研究工作，其带领团队开发的动力电池测试系统在国内最早满足国际一流主机厂和零部件厂的核心测试需求。

目 录

前言
作者简介

第1章 BMS 综述 ·· 1
1.1 BMS 的角色定位 ·· 1
1.2 BMS 的主要功能 ·· 5
1.2.1 电池状态监测 ·· 5
1.2.2 电池状态分析 ·· 6
1.2.3 电池安全保护 ·· 7
1.2.4 能量控制管理 ·· 8
1.2.5 电池信息管理 ·· 9
1.3 BMS 的产品举例 ·· 10
1.4 BMS 的技术发展 ·· 12
1.4.1 锂离子电池组引发的 BMS 深度研究 ··················· 12
1.4.2 BMS 技术取得的进步 ································· 13

第2章 BMS 的开发及产品周期 ······························ 15
2.1 BMS 开发流程综述 ·· 15
2.1.1 基于双 V 模型的 BMS 开发 ··························· 15
2.1.2 BMS 开发需要满足的标准、规范 ······················ 16
2.1.3 BMS 研发的过程 ······································ 22
2.2 BMS 产品前期分析阶段 ····································· 23
2.2.1 BMS 产品需求分析 ··································· 23
2.2.2 BMS 产品可行性分析 ································· 26
2.2.3 BMS 产品安全风险分析 ······························· 29
2.3 BMS 产品设计开发阶段 ····································· 33
2.3.1 BMS 硬件设计过程控制 ······························· 33
2.3.2 BMS 软件设计过程控制 ······························· 34

目 录

  2.3.3 BMS 集成验证测试 ·············· 36
2.4 BMS 产品生产运营阶段 ·············· 40
  2.4.1 BMS 的生产 ·············· 40
  2.4.2 BMS 的销售与维护 ·············· 43

第 3 章 BMS 硬件设计 ·············· 46

3.1 硬件总体方案设计 ·············· 46
3.2 电源系统输出及保护设计 ·············· 47
  3.2.1 电源分配单元（PDU）设计 ·············· 47
  3.2.2 保护设计 ·············· 50
3.3 拓扑设计 ·············· 53
  3.3.1 拓扑选择 ·············· 53
  3.3.2 拓扑设计需求分析及设计要求 ·············· 54
  3.3.3 四种典型拓扑设计的案例 ·············· 55
3.4 BCU、BMC 及均衡电路的设计 ·············· 59
  3.4.1 BCU 设计需求分析 ·············· 59
  3.4.2 BCU 的具体设计 ·············· 62
  3.4.3 BMC 设计需求分析 ·············· 66
  3.4.4 BMC 的具体设计 ·············· 68
  3.4.5 均衡电路设计需求分析 ·············· 69
  3.4.6 均衡电路的具体设计 ·············· 71
  3.4.7 通信模块的设计 ·············· 72
3.5 硬件测试及验证 ·············· 74
  3.5.1 电源性能测试及验证 ·············· 75
  3.5.2 继电器驱动测试及验证 ·············· 76
  3.5.3 继电器锁存功能测试及验证 ·············· 78
  3.5.4 BCU 绝缘检测功能测试及验证 ·············· 79
  3.5.5 电池系统总电压采集功能测试及验证 ·············· 80
  3.5.6 信息采集与数据存储测试及验证 ·············· 81
  3.5.7 均衡控制功能测试及验证 ·············· 81

第 4 章 BMS 软件设计 ·············· 85

4.1 BMS 软件架构 ·············· 85
  4.1.1 嵌入式软件架构 ·············· 85
  4.1.2 企业软件架构 ·············· 88

4.2 基于 V 流程的软件开发实践 ·· 89
    4.2.1 系统需求 ··· 90
    4.2.2 软件需求 ··· 94
    4.2.3 概要设计 ··· 96
    4.2.4 详细设计 ··· 99
    4.2.5 软件的测试验证 ·· 101
    4.2.6 程序的下载及烧录 ·· 102
4.3 BMS 软件的各项核心功能开发 ·· 103
    4.3.1 BMS 软件的核心功能概述 ···································· 103
    4.3.2 电池数据采集软件的开发 ······································ 104
    4.3.3 电池系统控制功能开发 ·· 107
    4.3.4 电池系统状态分析 ·· 115
    4.3.5 电池系统安全管理功能开发 ···································· 120
    4.3.6 电池数据远程管理（车端部分）·································· 122

第 5 章　BMS 的验证 ·· 127

5.1 关于 BMS 验证的一些基本问题 ·· 127
    5.1.1 在产品设计、制造的不同阶段对 BMS 的验证 ······················ 127
    5.1.2 BMS 测试能力体系建设 ······································· 128
    5.1.3 测试文档 ·· 131
5.2 面向 BMS 设计、开发阶段的测试验证 ······································ 133
    5.2.1 BMS 设计、开发阶段的测试验证分类 ···························· 133
    5.2.2 测试方法 ·· 134
    5.2.3 用于 BMS 开发验证的几种模式 ································· 136
    5.2.4 基于 V 模型的测试验证过程 ···································· 137
    5.2.5 单元测试 ·· 138
    5.2.6 集成测试 ·· 143
    5.2.7 系统测试 ·· 150
5.3 面向 BMS 产品制造阶段的测试验证 ·· 166
    5.3.1 BMS 标准化品质保障体系 ····································· 166
    5.3.2 BMS 标准化生产流程及工艺 ··································· 168
    5.3.3 BMS 产品的测试验证总结及需完善事项 ·························· 176

参考文献 ··· 177

第 1 章　BMS 综述

作为新能源汽车的核心零部件之一，电池管理系统（battery management system，BMS）对动力电池系统进行信息采集，根据电池系统的状态进行控制、预警，以保障电池系统在新能源汽车上可以安全、可靠地使用。本章将对 BMS 的定位、功能、产品类型及技术发展进行介绍。

1.1　BMS 的角色定位

BMS 顾名思义是一个管理电池的系统，其组成包括各种控制单元、监测单元、信息通信单元、执行单元等。BMS 的首要任务就是以保证安全为前提，使电池在不同的环境状况和运行工况下都能够发挥最大的作用，避免能量浪费。

以电动汽车为例，一般来说，可以将 BMS 分为三个部分：控制器部分、对接汽车部分、监测芯片部分，如图 1-1 所示。其中，控制器部分通过收集监测芯片获得的电池组信息，进行分析和处理，反馈给整车，并执行整车向电池组发送的控制指令，承担着 BMS 的主体任务，是连接电池组及整车信息沟通的桥梁。对接汽车部分则负责提供 BMS 电源、与整车控制器及电机控制器进行通信、充电等工作。监测芯片部分主要包含电压、温度等传感器，负责监测电池及其他部件的工作状态，并将信息反馈给控制器，随着电池系统技术的发展，BMS 对监测芯片的要求将越来越高。

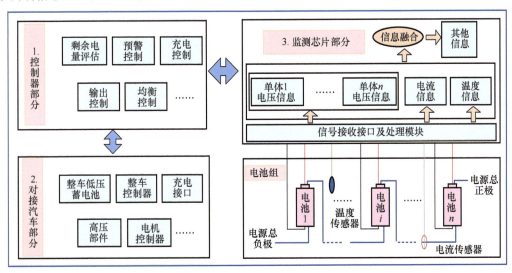

图 1-1　BMS 组成部分

电池管理系统（BMS）设计与制造技术

BMS 的硬件电路依据其功能，通常被分为两个模块，即电池监测回路（battery monitoring circuit，BMC）和电池控制单元（battery control unit，BCU）。有人也喜欢把 BMC 称为从板或者子板，将 BCU 称为主板，这种称呼并不完全合理，因为对于一体式的 BMS 来说，BMC 和 BCU 被设计在同一块电路板上，就分不清"主板"还是"从板"了。关于 BMS 的拓扑研究将在第 3 章进行讨论。根据 BCU 与 BMC 之间的拓扑关系不同，从产业化的角度可将 BMS 进行以下分类。

1. 一体式 BMS

将 BCU 与 BMC 设计在同一块电路板上，对车上的所有动力电池进行统一管理，这就是一体式 BMS。在某种特殊的情况下，BCU 和 BMC 的功能甚至可以合并到同一块集成电路（IC）中完成。因此对于电池数量较少的电动汽车来说，一体式 BMS 是最好的选择。

一体式 BMS 从外观上看就是一个盒子，盒子上会延伸出一组导线，连接到各个电池单体或者模组上。由于目前市场上的主流 IC 芯片所管理的电池串联数量多数为 6、12、16 的倍数，一体式 BMS 都是面向固定数量的电池系统的，如管理 24 串、36 串、48 串等一体机。如果某车型的电池系统被设计的串联个数与上述倍数不一致，则只能按照就近原则选择更高倍数的一体机产品。

相比其他类型的 BMS，一体式 BMS 的优势是成本较低，在电池系统箱的空间占用率小，维护起来也比较简单。但是由于一体式 BMS 所提供的接口数量不能满足过多电池数量的要求，所以这类 BMS 不能应用在电池数量较多的场合；另外，一体式 BMS 往往因为采集线过多、过长而造成潜在的安全隐患。

2. 主从式（星形）BMS

相对于一体式结构，其他的拓扑关系都属于 BMC 与 BCU 分离的方式，目前大多数都采用通信总线的方式来解决 BMC 与 BCU 之间的通信问题，星形连接就是其中一种，这种连接方式构成的 BMS 也称为主从式 BMS。如图 1-2 所示，主从式 BMS 从外观上来看，BCU 位于中央位置，而每一个 BMC 模块均以线束与之相连。通常 BCU 中还带有一个总线集中模块，通过建立特定的通信协议，使得多个 BMC 能共享通信信道。

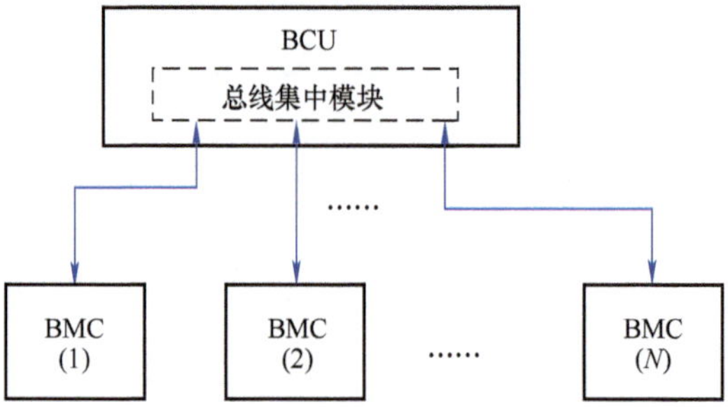

图 1-2 主从式 BMS 拓扑关系

其中，BCU 主要实现以下功能：

1）对整个电池系统的总电压和总电流进行监测。
2）对 SoC、SoH 等状态进行估算。
3）制定均衡策略，进行均衡决策等。
4）控制预充电电路、总继电器等。
5）与整车控制器、电机控制器进行通信。

6）分析电池组状态，与充电机进行通信，控制电池组的充电过程。

相应地，BMC 负责监测电池单元的电压和温度，并对电池实施具体的均衡控制等。

与一体式 BMS 类似，主从式 BMS 的 BMC 都是面向 12 或 16 的倍数，以目前市场占有份额较大的 MAX17843、LTC6811 等 IC 为例，单个 IC 都是面向 12 串电池设计的，每个 BMC 可以监控 24 串、36 串、48 串或者 60 串的电池。工程师们可以根据动力电池系统中电池模块的配置来进行搭配选择，例如一个 96 串的电池系统，可以使用一个 BCU 搭配 2 个 48 串的 BMC 组成 BMS，当然在实际应用中，还要结合电池系统的物理构成对 BMS 进行合理设计及优化。

主从式 BMS 的优点：首先是便于进行介质访问；其次，某个 BMC 的退出或者故障不会对其他 BMC 的通信造成影响。但是，通信线路较长、难维护、可扩展性差（如受总线集中模块端口的限制，不能随意地增加多个 BMC 单元），这些缺点也成为主从式 BMS 在实际应用中面临的问题。

3. 总线式 BMS

与前面的主从式（星形）连接相比，总线式 BMS 用于通信信道的线材开销相对较少，连接方式更为灵活，可扩展性强。很多分布式 BMS 都采用总线式拓扑结构，这种拓扑结构在电动大巴车上尤为常见。

在各种总线式 BMS 通信方案中，CAN（控制器局域网）总线是汽车上较为常用的一种总线，其 BMS 的构造如图 1-3 所示。图中，每一块子板（BMC），由电压/温度采集回路、单片机（MCU）、通信隔离回路等模块构成，BMC 与 BMC 之间使用 CAN 总线连接，从而实现与 BCU 的信息交换。

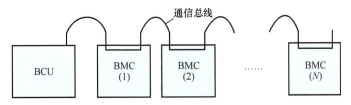

图 1-3　CAN 总线构造的总体式 BMS 方案

虽然总线式 BMS 在连接方式灵活性和可扩展性方面具有一定的优势，但是通信线路的相互依赖性也为这类 BMS 在实际应用及维护过程中带来一定的困扰。由图 1-3 可知，第 N 块 BMC 与 BCU 的通信都受制于前面 $N-1$ 块 BMC，若其中某一块 BMC 电路板或者连接线束出现故障，则后续的 BMC 与 BCU 之间的通信会立即受到影响，这给实际故障的排查带来了一定的难度。

另一方面，总线式 BMS 中的 BMC 元器件较多，体积较大。针对这一问题，一些 IC 生产商提供了基于 BMC 专用 IC 的解决方案，其中具有代表性的就是 ADI 公司的 LTC6810、LTC6811 等 IC 所构造的方案。基于这些 IC 所构造的子板（BMC），可以省去原本用于支持 CAN 通信的器件，甚至将子板中的主控单元省略，从而减少了子板的体积。当然，这些专用的 IC 芯片价格相对较高，工程师们需要综合各种因素来评估子板成本的经济性。

4. 无线式 BMS

上述几种 BMS 是针对电池系统的不同组成及规模进行设置的，在制造成本、通信效率、管理细节等方面具有独特的优点，但也有一个共同点：需要采用导线实现 BMS 的电源供给及信息传输。

导线的使用存在以下不足：①导线的存在令通信节点的故障直接影响系统有效运行，甚至导致系统瘫痪；②导线的使用增加了电池系统的重量和成本；③导线的老化、损坏直接影响 BMS 各结构的有效连接，降低信息传输的可靠性。

针对上述这几个问题，无线通信的解决方案被提出并逐渐应用在 BMS 上。目前无线式 BMS 产品大多具备以下特点：

1）从电池单体或者系统直接获得电源，可实现不间断地对电池系统进行监测、管理及控制。

2）对于有多个从控单元的 BMS，无线通信方式适用于多数网络节点的信息对接，其可靠性相对有线连接更优；但对于有较少从控单元的 BMS，无线通信方式不具备优势。

3）BMS 是连接高压及低压的主要设备，无线通信可以有效地实现高压单元和低压单元之间的隔离，从而减少高压系统对低压系统的干扰。

4）相比有线式 BMS，无线式 BMS 可以避免电池系统在空间和线束布置上的约束，系统设计灵活性更高；同时无线模式也降低了线束带来的成本。

无线式 BMS 的拓扑关系如图 1-4 所示，一般由多个从控单元和一个主控单元组成，各从控单元及主控单元之间形成了一个多元化的网络环境：主控单元可从各从控单元获取电池信息，也可以将相应的指令输送给从控单元，从控单元之间还可以实现信息的交互，更有利于电池系统内部之间的信息沟通及控制。

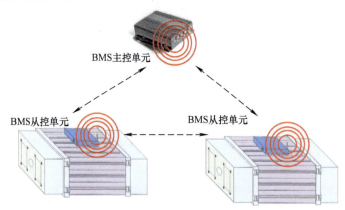

图 1-4 无线式 BMS 的拓扑关系

5. 以上几种 BMS 拓扑结构的比较

对上述四种 BMS 拓扑来说，很难绝对地评价某种结构"好"或者"不好"，这需要根据不同的应用条件来做出判断。比如，一体式架构也可以应用在某些高速乘用车的电池系统中，但高速乘用车一般电压平台在 300V 以上，这样高的电压监测 IC 在市场上是难以找到的，所

第1章 BMS 综述

以目前更多采用的是主从式、总线式或者无线式 BMS 来将高电压的采集任务分解为低电压采集方式。

表 1-1 反映了通常情况下上述四种 BMS 拓扑结构的适用车型。

表 1-1 BMS 拓扑结构的适用车型

BMS 类型	适用车型
一体式	适用于电池串联数量较少的各类车型，如场地车、低速乘用车等
主从式	适用于电池数量多但模块与模块之间的距离相对较近的车型，如一般乘用车、小型物流车等
总线式	适用于电池数量多但模块与模块之间的距离相对较远的车型，如大型物流车、大客车等
无线式	适用于通信节点较多，对信息数据量、稳定性要求较高的车型，如豪华版、智能化的乘用车等

当然，表 1-1 中所总结的只是一般的情况，实际应用中的情况可能要更复杂一些。例如，如果 BMS 希望采用非耗散型均衡（active balancing），那么采用"一体式"或"主从式"拓扑结构有利于剩余电量在不同电池之间进行转移，从而减少了电池组在均衡过程中的能量损耗，而采用"总线式"或"无线式"拓扑结构，则很难实现这样的电量转移。

1.2 BMS 的主要功能

根据电池的使用特性，电动汽车 BMS 所具备的基本功能如图 1-5 所示。

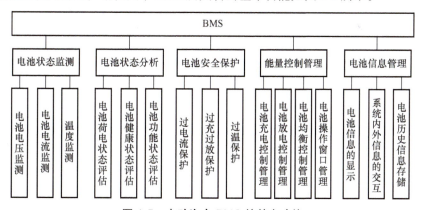

图 1-5 电动汽车 BMS 的基本功能

在不同的应用场合中，电动汽车 BMS 的功能可能与图 1-5 有部分差异，但是基本的功能差别不大，例如，电压的监测、荷电状态的估算、安全保护等都属于基本功能。以下将在图 1-5 的基础上对 BMS 的主要功能进行讲解说明。

1.2.1 电池状态监测

电池状态监测一般是指对电压、电流、温度三种物理量的监测。其中，温度监测不仅要对电池本身进行监测，还要对汽车内部温度、环境温度等进行监测，将多个温度参数相结合才能更全面地反映电池系统的温度特性,并利用这些特性执行电池系统的监测及管理。由于电池系统是由多个单体电池串并联组合构成的,单个串联模块电压的高低将会直接影响整个系统的安全和使用特性,因此电压监测必须能够实现电池系统每一个串联模块的电压信息采集。为了实现对电池系统充放电信息的实时采集,电池状态监测必须至少具备对系统总电流的监测功能;当然,在某些特制的 BMS 中,电池系统子模块(如各个电池并联支路)也具备电流信息采集功能。

电池状态监测是 BMS 最基本的功能,是其他各项功能的前提与基础。例如,下面 1.2.2 节的电池状态分析(SoC、SoH、SoF 等)评估是建立在电压、电流、温度信息能够被精确和及时采集的基础上的。

1.2.2 电池状态分析

目前电池状态分析主要分为荷电状态(state of charge,SoC)评估、健康状态(state of health,SoH)评估和功能状态(state of function,SoF)评估三部分。随着研究的深入,电池功率状态(state of power,SoP)评估、电池剩余寿命(state of life,SoL)评估、电池剩余能量(state of energy,SoE)评估及电池续航里程(state of range,SoR)评估等概念也逐渐被提出及应用。本节重点对当前较为常见的 SoC 评估、SoH 评估和 SoF 评估进行讨论。

1. 电池荷电状态(SoC)评估

电池 SoC,也常被称为剩余电量状态,就像燃油汽车驾驶人常常需要留意车上剩余的油量还有多少一样,对于电动汽车的驾驶人而言,同样也需要知道剩余的电量,这就是电池 SoC 评估模块所需要完成的功能,如果不清楚电动汽车的电池剩余电量,那么一辆行驶在马路上的电动汽车随时可能面临断电的风险。可见,SoC 评估是 BMS 最基本且最重要的功能。关于电池 SoC 的评估,近年来在 BMS 领域超过一半的研究工作都是围绕 SoC 评估进行的,本书的第 5 章将对 SoC 评估的方法进行简单的讨论。

2. 电池健康状态(SoH)评估

受电池本身材料和电化学特性所决定,电池从使用开始性能将逐步下降,这是一个不可逆的过程,同时电池性能衰退也是一个渐变的、复杂的过程。尽管如此,人们仍然希望找到一些可以量化的指标,对电池的 SoH 进行描述。例如,可以将"容量衰减"与"直流内阻谱"作为评判电池 SoH 的典型指标。通过对动力电池进行多种工况的充放电测试,获得不同工况下电池容量及直流内阻的变化情况,可以建立 SoH 与容量衰减及直流内阻之间的映射关系,同时还能验证实际工作温度、放电电流大小对 SoH 所产生的影响。因此,电池 SoH 的评估需要结合多方面的信息,在使用过程中不断进行评估和更新,以确保驾驶人获得更为准确的信息。

3. 电池功能状态(SoF)评估

电池作为电机、空调器、其他辅助系统等电动汽车负载的能量来源,其 SoF 对系统运行的良好发挥起到十分关键的作用。对于电动汽车而言,电池 SoF 可以被定义为某一特定时刻,电池组可以提供给电机等各种电气负载的功率,可以简单地认为,SoF 是 SoC 及温度的函数,即有

$$SoF = f(SoC, T) \tag{1-1}$$

实际上，对于很多电动汽车的动力系统来说，BMS 不仅要估算特定时刻电池组对外输出的功率 SoF_1，还要提供电池组允许充电的最大功率 SoF_2。SoF_2 一方面要通过通信总线发送给电机，告诉电机在进行制动能量回收时不能超过某个极限值；另一方面要结合充电策略发送给充电机，以免充电机提供的充电电流过大而损坏电池。

1.2.3 电池安全保护

电池安全保护无疑是电动汽车 BMS 最核心的功能。之所以把这一功能放置在第三位是因为这一功能常常以前面"状态监测""状态分析"这两项功能为前提。目前，最常见的电池安全保护内容包括"过电流保护""过充过放保护""过温保护"这三项。

1. 过电流保护

过电流保护，指的是在充放电过程中，如果工作电流超过了安全值，则采取相应的安全保护措施进行限制。虽然大多数的磷酸铁锂动力电池都支持短时间的过载放电，能在汽车起步、提速过程中提供较大的电流以满足动力性能的要求，但不同厂商、不同型号的动力电池所支持的过载电流倍率、过载持续时间都是不一致的，因此在研发 BMS 时要根据所选动力电池的使用要求，设计相应的过电流保护功能。例如，某型号的动力电池支持不超过 1min 的 3C 过载电流，那么在设计 BMS 时，就要针对"3C 过载电流时间 >60s"这一条件采取相应的保护策略。

2. 过充过放保护

考虑电池对充放电能力的可承受程度，需设计过充过放保护以保障电池及其系统安全。过充保护指的是在电池的 SoC 为 100% 的情况下，为了防止继续对电池充电造成的电池损坏，而采取切断电池的充电回路的保护措施；同样的，在电池的 SoC 是 0 的情况下，若继续对电池进行放电，也会对电池造成损坏，此时也应采取措施切断电池的放电回路，这就是过放保护。在实际操作过程中，过充过放保护有一种简单的实现方式，即设定充、放电的截止保护电压，如果检测到的电池电压高于或者低于所设定的截止保护电压值，则启动切断电流回路的策略以保护电池。

应该指出，在电动汽车的实际应用中，电池往往串联在一起构成电池组，电池组中只要有一个电池低于放电的门限电压，就要对整个电池组进行保护，此时电池组内的其他电池往往还带有一定量的剩余电荷，从而造成了一定程度的隐形浪费，因此，有必要对电池进行"均衡控制管理"，这属于"能量控制管理"的范畴。

3. 过温保护

过温保护，顾名思义就是当温度超过一定限制值时对动力电池采取的保护性措施。动力电池是一种化工产品，在高温下工作可能引起难以控制的化学反应，轻则损伤电池，重则将会引起事故，造成人员伤亡。过温保护需要考虑环境温度、电池组温度以及每个单体电池本身的温度。由于温度的变化需要一个过程，温度控制往往也具有滞后性，因此温度保护往往要考虑一些"提前量"。例如，假设导致电池损坏的温度门限值为 K，将 $T=K-5$℃作为过温保护阈值，若检测到环境温度或者电池箱温度超过 T 时，则采取相应的保护措施，这种操作可以在电池尚未达到损坏的门限值之前就进行保护，降低电池由于温度过高而造成不可逆恶化的风险。值得注意的是，基于安全门限值的过温保护仅仅是针对电池内部对温度的适应性而采取的方式，而温度变化梯度则能有效地反映电池内部化学反应的激烈程度，例如某个单体电池的温度突然快速上升，这种情况可能是发生电池内短路所致，虽然电池温度还没有达到安全门限值，但仍应采取一定的保护措施。所以，将电池温度门限值和电池温升状况综合起来考虑，过温保护才能更安全、有效。

1.2.4 能量控制管理

能量控制管理常被归入电池"优化管理"的范畴，一般指的是对电池的充电控制管理、放电控制管理、均衡控制管理以及电池操作窗口管理等。

1. 电池充电控制管理

电池充电控制管理，是指 BMS 在电池充电过程中对充电电压、充电电流等参数进行实时优化控制，充电控制管理的目标包括充电时长、充电效率以及充电的饱满程度等。在早期的电动汽车应用中，BMS 与充电机之间没有通信渠道，也就是说，BMS 只能控制充电机的启动、停止，而不能对充电参数进行控制；但这种情况在现今的主流应用中都得到了改善，无论是车载充电机还是地面充电桩，一般都留有了与 BMS 通信的接口，根据接收到的参数信息控制充电的电压、电流大小。近年来，为实现电池能量能得到快速的补给，动力电池快充技术成为了研究热点。与传统的充电控制相比，快速充电控制需要更多地考虑电池系统的热安全，以及快充策略对电池劣化（寿命）的影响。

2. 电池放电控制管理

电池放电控制管理，是指在电池的放电过程中根据电池的状态对放电电流大小进行控制，这一项功能在以往某些系统中常被忽视，在一些简单的系统中，电池组常常被认为只需要提供电能，使用过程能确保安全即可。然而，若实施有效的放电控制管理策略，可以令动力电池组发挥更大的效能。例如，在动力电池组 SoC 小于 10% 的情况下，如果适当限制电池组的最大放电电流大小，尽管会对汽车的最高速度产生影响，但这有利于延长车辆的续驶里程，更为重要的是，这有利于延长动力电池组的寿命。

另外，制动能量回收常常也是能量控制管理的重要内容之一。例如，在某些混合动力汽车中，需要通过充放电控制管理把电池的 SoC 维持在 50%~80%，以腾出足够的电荷容量空间来接收来自于制动而回收的能量。这样做的另外一个考虑就是使电池工作在等效内阻较小的一个区间，从而使充放电的效率更高，而这样一个具体区间的上限、下限，也是非常值得研究的。

3. 电池均衡控制管理

由于受生产工艺不稳定等"先天"因素或者使用环境不一致等"后天"因素的影响，电池组内的各个单体电池总存在一定程度的不一致性。电池的均衡控制管理，是指采取一定的措施尽可能降低电池不一致性的负面影响，以达到优化电池组整体放电效能，延长电池组整体寿命的效果。正如前面"电池安全保护"部分所提到的那样，电池组中只要有一个电池的电压低于放电的门限值，就要对整个电池组进行保护，但此时电池组内其他电池往往还带有一定量的剩余电荷，因此，对电池进行均衡控制管理有利于把剩余电荷利用起来，从而提高电池组的放电效能。

4. 电池操作窗口管理

通过一系列测试确定电池使用的"边界条件",规范电池在不同工况条件下(如 SoC、温度等)的正常使用充放电倍率,由此实现电池在其全生命周期内能安全合理地应用于各种工作场景,这一过程称为电池操作窗口管理。与传统的充电和放电管理不同,电池操作窗口管理注重于在不损害电池的前提下,电池可承受的充放电电流极限管理,即电池输出功率的控制;而传统的充电和放电管理则更侧重于电池在满足过充、过放及过温限制条件下的输入、输出控制。

除了过充、过放、过温等操作会导致电池安全事故外,工作温度、充放电倍率和放电深度也是影响电池寿命的关键因素。在不同温度、SoC(或单体电压)下,采用不合适的倍率对电池进行充放电,同样会对其安全使用造成影响。例如,低温下大电流充电会导致电池产生锂沉积现象,造成电池容量快速降低,同时形成锂枝晶破坏隔膜,容易带来短路、热失控等安全隐患。

鉴于上述问题,目前比较常用的做法是通过建立动力电池安全使用模型或者安全数据库,对动力电池开展多工况组合的充放电测试,利用测试结果求解模型参数或者填充数据库内容,在此基础上建立电池安全使用矩阵,进而获得动力电池在不同使用工况下的允许电流/功率,实现电池操作窗口的搭建。

1.2.5 电池信息管理

由于电动汽车动力电池组中电池的个数往往较多,每秒钟都将产生大量的数据,这些数据,有些需要通过仪表告知驾驶人,有些需要通过通信网络传送到 BMS 以外(如整车控制器、电机控制器等),也有一些需要作为历史数据被保存到系统中。以下将从电池信息的显示、系统内外信息的交互、电池历史信息存储三个方面进行介绍。

1. 电池信息的显示

BMS 通常通过仪表把电池状态信息显示出来,告知驾驶人或汽车维修人员。需要显示的信息通常包括以下三类:

第一类,实时电压、电流、温度信息。由于汽车上的电池个数较多,因此不需要将每个电池的信息都进行显示,通常只需要把整个电池组的总电压、总电流、最高电池电压、最低电池电压、最高电池温度、最低电池温度等信息反映在仪表上。

第二类,电池剩余电量信息。这好比燃油汽车上的油量表,反映电池剩余电量的百分比。为了使驾驶人获得更为直观的感受,通常也会把剩余行驶里程的估算值显示在仪表上。

第三类,告警信息。当电池组存在安全问题或即将发生安全问题时,需要及时通过仪表通知驾驶人。此时往往还需要配合声音告警等多种其他手段来引起驾驶人的及时注意。

2. 系统内外信息的交互

先进的电动汽车控制离不开车载信息通信网络。对于 BMS 而言,往往同时具有"内网"和"外网"两级网络。其中,内网用于传递 BMS 的内部信息,例如,在一个分布式电动汽车 BMS 中,所有的动力电池先被划分为若干个"小组",各小组由一块电路板进行管理,各小组的电路板通过内网将每个电池的具体信息传至 BMS 的主电路板。同时,外网用于 BMS 与整车控制器、电机控制器等其他部件交互信息。外网应该是双工(支持双向通信)的。一方面,

BMS 需要将电压、电流、温度等信息发送给其他部件；另一方面，整车控制器也需要将"是否有充电机接入""是否允许进行充电"等信息发送给 BMS。

3. 电池历史信息存储

历史信息存储并非 BMS 所必需的功能，但在先进的 BMS 中往往考虑这项功能。信息存储从时效上具有两种方式，即"临时存储"与"永久存储"。其中临时存储是利用 RAM，暂时保存电池信息，例如，暂存上一分钟估算所得的剩余电量及在过去一分钟内电流的变化信息，以便估算出此时此刻电池的 SoC 值；永久存储可利用 EEPROM、闪存等器件来实现，可保存时间跨度较大的历史信息。

进行电池历史信息存储具有以下几个方面的意义：

1）数据缓冲，提高分析估算的精度。例如，由于存在干扰，实时监测到的电压、电流的数值存在错误，利用历史数据，有助于对可能存在错误的数据进行滤波，以得到更精确的数据。

2）有助于电池状态分析。特别是能根据一段时间电池的历史数据，对电池的老化状态等进行评估。

3）有助于故障分析与排除。电池历史信息存储功能类似于飞机的黑匣子，当电动汽车发生故障以后，可以通过对历史数据的分析发现故障原因，利于故障排除。

此外，"云 BMS"是近年来的新技术。考虑电池系统数据量大，部分产品将电池系统数据放到"云"端进行处理。这样做，一方面可以减轻车上 BMS 的数据存储的负担，降低成本；另一方面通过建立电池云数据库，有利于对整车电池的历史情况进行监控及预测，为维护电池系统提供必要可靠的数据支撑。但这种方法依赖远程网络信号，若电池系统所在位置的网络不通畅或者传输信号弱，则会影响电池数据传输甚至无法传输。

1.3 BMS 的产品举例

由于本书偏向产品的工程化技术，考虑 1.1 节功能及 BMS 的不同拓扑结构，现有的 BMS 产品可分为一体式 BMS、主从式 BMS、总线式 BMS 及无线式 BMS。其中部分产品举例如下。

1. 一体式 BMS

如图 1-6 所示，该产品可同时对 48 个电池串联所组成的系统进行监控，实现电池电压、温度、电流、剩余电量等基本状态的监测，并将相应的信息发送给整车控制器。由于该系统管理的单体电池数量较少，功能相对简单，适用于低成本、低电压的新能源汽车电池管理。

图 1-6 一体式 BMS 产品

注：产品图片由东莞钜威动力技术有限公司提供。

2. 主从式（星形）BMS

如图 1-7 所示，该产品由一套主系统及两套从系统组成，每个从系统（见图 1-7b）可同时对 48 个电池串联所组成的电池模块进行监控，实现对单体电池电压、温度、电流等基本物理状态的监测,并将相应的信息发送给主系统;主系统(见图 1-7a)可以管理两个从系统,针对各个从系统发送过来的相关信息,实现电池系统总电压、最高/低电压、最高/低温度、SoC、电池一致性、剩余寿命等参数的评估及信息传送。该系统可管理的电池串联数量为 96 串,但针对不同电池个数,主系统向从系统开放的接口数量还可进一步扩展,即接口数量 k 与电池个数 n 的关系如下:

$$k = \mathrm{floor}(n/48) + 1 \tag{1-2}$$

式中,$\mathrm{floor}(x)$ 表示对 x 进行向下取整。

a) 主系统　　　　　　　　　　b) 从系统

图 1-7　主从式 BMS 产品

注:产品图片由东莞钜威动力技术有限公司提供。

主从式 BMS 可扩展性强,但由于每个从系统都需与主系统进行连接,因此对各从系统所在位置的要求比较高,适用于各电池子系统相对集中的车型,如物流车、乘用车等。

3. 总线式 BMS

如图 1-8 所示,该产品由一套母系统及若干子系统组成,每个子系统(见图 1-8b)则可同时对 50 个电池串联所组成的电池模块进行监控,实现对单体电池电压、温度、电流等基本物理状态的监测,并将相应的信息发送给母系统;母系统(见图 1-8a)针对各子系统发送过来的相关信息,实现对电池系统总电压、最高/低电压、最高/低温度、SoC、一致性、剩余寿命等参数的评估及信息传送。与主从式 BMS 不同,总线式 BMS 采用 CAN 总线与各子系统进行连接,最后再接上母系统,因此总线式 BMS 可以满足距离较远、分布式的电池系统模型,适用性较广。

a) 母系统　　　　　　　　　　b) 子系统

图 1-8　总线式 BMS 产品

注:产品图片由东莞钜威动力技术有限公司提供。

4. 无线式 BMS

如图 1-9 所示，该产品由若干个子系统与一个母系统组成，每个子系统（见图 1-9a）可对单个电池的电压、温度、内阻等信息进行监控，并直接从监测电池上获取电源，同时以 WiFi 的方式将相应的信息发送给母系统；母系统（见图 1-9b）针对各子系统发送过来的相关信息，实现电池系统各项特性的评估及信息传送。由于使用无线连接，该 BMS 仅需将子系统与母系统之间的网络配置进行设置即可使用，结构更为简单，可省去很多线束连接所带来的问题，在系统总重量、占用空间方面都具有一定的优势。

a) 子系统　　　　　　　　　　　　　b) 母系统

图 1-9　无线式 BMS 产品

注：产品图片由东莞钜威动力技术有限公司提供。

1.4　BMS 的技术发展

1.4.1　锂离子电池组引发的 BMS 深度研究

实际上，在锂离子电池被用于电动汽车之前，当电动汽车还是以铅酸电池、镍氢电池为主要能源的时代，BMS 就已经存在了。然而，对 BMS 的深度研究，是从有了锂离子电池组之后才正式开始的。原因有以下几点：

1）锂离子电池性能活跃，易燃爆。在此之前的铅酸电池、镍氢电池，即使没有 BMS，也不需要承受太大的安全风险。这样的错觉，也曾经使得一些有铅酸电池系统工作经验的工程师认为，车用电池组离开了 BMS 也是可以正常工作的，又或者 BMS 不用太花心思去研究，根据基本需求进行配备即可。

2）锂离子电池单节电压低，串联数量多。在铅酸电池年代，单节铅酸电池的电压是 8V 或者 12V 左右，串联的数量不算太多，比较好管理，算法复杂度也没有那么高。而锂离子电池的单节电压只有 3~4V，一般的电动汽车都要用到上百个串联节点，要监测的对象更多、更复杂。

3）锂离子电池的平台电压窄，伏安特性比较复杂，状态估计难度大。相对而言，铅酸电池和镍氢电池的伏安特性曲线比较简单，电压滞回现象对状态估算精度的影响相对较小；而锂离子电池则恰恰相反，需要建立比较复杂的电池模型才能够对电池的伏安特性进行精确描述。

第1章　BMS 综述

由以上三点可见，锂离子电池的特性相对以往的铅酸电池、镍氢电池更加复杂，简单的监测难以精准地进行电池性能评估，因此开展 BMS 深度研究，有利于提高电池系统的安全防护及管理。目前，BMS 深度研究的主要内容体现在如下两个方面：

1）电池系统性能的高精度评估。通过采集各电池单体的物理量（如电压、电流、温度等），根据电池不同工况下的特性，计算出相关状态、控制量（如剩余电量、电池寿命、电池功率、电池组一致性等）的情况，为系统安全提供保障。

2）多因素耦合下的电池系统安全评估。由于环境因素、电池循环次数、机械振动或撞击、使用强度不同，使得动力电池在不同阶段呈现不同的安全特性。如何精确地对其进行预测，并给出相应的防护策略，是当前国内外 BMS 深入研究的热点。

1.4.2　BMS 技术取得的进步

在过去的十年里，我国新能源汽车技术取得了全面的进步，在 BMS 领域也得到了很好的发展，BMS 的设计水平、生产制造工艺等都得到了很大的发展。许多车厂的设计研发团队，都很好地掌握了汽车 BMS 技术，从而使我国新能源汽车工业迈上了一个新的台阶。

近年来，我国 BMS 技术的整体进步主要体现在以下几个方面：

1. BMS 的功能完善

早期的 BMS 仅仅是起到了保护板的功能，保证电池在充电、放电时不过电压、欠电压，许多较为高级的功能，如电池寿命预测、均衡控制等都不具备，而且状态估计也仅限于较窄的工况，遇到低温、大电流等较为极端的工况时，SoC 的估算精度大大降低甚至会出现"有电放不出来"的情况。随着这个问题逐渐被同行们认识、重视，BMS 开发从只具备基本功能向具有热管理、一致性预测、能量均衡及安全保护等功能不断拓展，现已形成集信息反馈、性能预测、协同维护、安全预警及防护于一体的综合功能体系。

2. BMS 的可靠性高

随着近年来一系列的国家标准、行业标准的推出，对电池系统、BMS 等产品的要求越来越规范，各厂商对产品实施了严格的质量把控，使得 BMS 产品质量得到了可靠的保证。同时，我国的 BMS 开发人员已经很好地掌握了 BMS 的开发流程，对于 ISO 26262、AUTOSAR 等国际标准要求有了很深的理解，从开发流程上保证了 BMS 产品有严密的设计流程。

3. 主机厂对 BMS 的参与度越来越高

早期的 BMS 开发，基本上都直接外包给电池厂或者 BMS 厂商，导致产品难以适应车型多样性的要求。然而，近年来随着 BMS 技术的普及，主机厂的技术人员对 BMS 研发的参与度越来越高。目前，车用 BMS 产品的研发，主要有以下几种情况：①由主机厂设计，发外加工、生产；②由主机厂提出需求，由专业的 BMS 企业完成设计、生产；③由电池企业根据主机厂的需求完成设计、生产，作为整个电池组的一部分进行维保。即便如此，电池厂在提供 BMS 的设计、制造阶段也会与主机厂进行密切的讨论、协商，形成有关的设计文档。

在市场上已经出现了许多 BMS 产品，比较典型的产品见表 1-2。

电池管理系统（BMS）设计与制造技术

表 1-2　国内典型的产业化 BMS

产品面向对象	产品相关图片	产品特点
标准化模组乘用车		• 支持两级或者三级管理架构，完美满足 VDA 模组系统需求 • ISO 26262 功能安全 ASIL-C 等级的模拟采集前端芯片设计 • 新一代总线型菊花链通信架构，通信速率高达 2Mbit/s • 产品符合 V0 阻燃等级 • 分布式电池管理单元，支持 6S/14S 标准模组，可级联 15 个模块，最大可管理 180 串电池，适用于低成本电动乘用车 • 产品耐压等级 AC2.5kV 以上
根据主机厂特制		• 实现整车控制器与 BMS 控制器二合一，产品低成本、高集成、高可靠性完美统一 • 实现信息流与高压功率流分离 • HVC 与 VBU 可双备份电池信息 • 软件架构符合 AUTOSAR 标准，开放应用层满足了主机厂对产品的二次开发的需求 • 软件模块由 MATLAB/Simulink 先进开发及仿真工具链自动代码实现 • HVC05 采用模块化结构，易于增强继电器控制路数及粘连检测路数，扩展性强 • 绝缘检测融合注入式绝缘检测技术和不平衡电桥法绝缘检测技术
符合 ISO 26262 功能安全产品		• 符合 ISO 26262《道路车辆功能安全》ASIL-C 等级 • ISO 26262 功能安全 ASIL-C 等级的模拟采集前端芯片设计 • ISO 26262 功能安全 ASIL-D 等级的 32 位双核单片机设计 • ISO 26262 功能安全 ASIL-D 等级的安全电源管理芯片设计 • 新一代总线型菊花链通信架构，通信速率高达 2Mbit/s • 超低休眠功耗设计，典型值 ≤ 0.1mA • 集成驱动线智能诊断功能与多项保护功能的继电器安全驱动设计 • 专利技术的智能自适应分布电容绝缘算法

注：本表内容由东莞钜威动力技术有限公司提供。

第 2 章　BMS 的开发及产品周期

电动汽车 BMS 的开发，是围绕"车"开展的，整个 BMS 开发流程的起点必须满足主机厂的需求，BMS 产品的技术参数也必须满足车规标准。为了更系统地阐述 BMS 开发流程，本章将对 BMS 开发的各个环节进行详细的介绍。

2.1　BMS 开发流程综述

为了与汽车产品开发同步，目前主流的 BMS 产品开发流程多采用基于双 V 模型的流程。下面对双 V 模型开发流程、开发需要满足的标准及产品研发过程进行阐述。

2.1.1　基于双 V 模型的 BMS 开发

1. 基于 V 模型的汽车产品开发

为了将整车开发过程中的创新和分析进行更深入的融合，V 模型是汽车级产品开发普遍采取的模式，如图 2-1 所示，基于 V 模型的汽车产品开发一般流程如下：

1）定义要求：根据汽车产品理念，确定产品定位、功能、性能等，并对系统各项内容进行定义。

2）系统级规范：针对所定义的各项功能、性能，参考汽车相关国家规范及行业要求，制定相应的要求和准则。

图 2-1　基于 V 模型的产品开发思想

3）子系统设计：根据产品定义及系统级规范，制定产品拓扑结构，并划分为多个子系统；根据各子系统功能，设计相应的软硬件及配套方案。

4）子系统实现：通过已设计好的子系统软硬件，经过调试、修改、完善及验证等过程，最终完成符合产品要求的子系统。

5）子系统集成和测试：将各项已完成的子系统进行集成、测试、完善，确保各子系统功能及相互协调性能满足产品要求。

6）系统级集成和测试：在子系统集成的基础上，完成整体系统搭建，并对整套系统的整体功能、指标等进行相应测试以及完善。

7）完成集成和调试：在上述步骤完成的基础上，完成产品雏形，并开展相应的测试及修正，最终确定产品。

按照 V 模型的要求，汽车产品要从系统级需求描述和分析开始，逐步迭代到子系统、零部件，分层分级地进行设计、验证。V 模型的两个三角边，左边代表开发设计阶段的逐步细化，右边代表验证阶段从子系统（零部件）测试逐步上升到系统集成测试。

BMS 作为汽车零部件、子系统之一，需要遵循汽车 V 模型的开发原则。

2. 基于双 V 模型的 BMS 开发

结合 BMS 的开发实际，可采用基于双 V 模型的开发模式，如图 2-2 所示。整个开发流程，分为三个阶段。

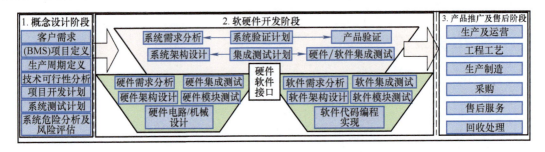

图 2-2 基于双 V 模型的 BMS 产品开发

1）概念设计阶段：根据客户需求，定义 BMS 设计内容，确定生产周期及技术可行性；进而设计项目开发计划、系统测试计划，开展系统危险分析及风险评估。

2）软硬件开发阶段：分别从软硬件层面进行需求分析、架构设计、样品设计、模块测试和集成测试。在完成软硬件样品的基础上，通过一系列测试及验证计划，进行系统集成的产品验证。

3）产品推广及售后阶段：在上述工作完成的基础上，开展产品生产及运营、售后服务及回收处理等一系列活动。

双 V 模型，有时候也被称为 V&V 模型，传统意义上指的是开发与测试设计同步进行，开发过程要保证需求能够实现，而测试则是验证设计是否正确。

对于 BMS 而言，所构造的"双 V"与传统意义有所不同，指的是在得到开发任务，形成硬件、软件的设计任务书（或需求分析书）的前提下，根据 V 模型的要求进行开发，这时会产生 BMS 的硬件这一个"V"，BMS 的软件是另外一个"V"，两部分同步进行。

2.1.2 BMS 开发需要满足的标准、规范

为保证产品在安全、质量、环保、功能、人性化等方面都能符合使用需求，与汽车设计、生产相同，BMS 的开发也必须符合一定的标准。一般来说，BMS 开发所要遵循的标准可以分为强制性标准、功能性标准及需求性标准。

第 2 章　BMS 的开发及产品周期

其中，强制性标准可以分成以下几类：

1）与 BMS 的质量、性能、功能直接相关的强制性标准（见表 2-1）。这一类标准直接对 BMS 的各项功能所要达到的性能指标进行了规定。例如，对 BMS 的电压、电流传感器进行检定，对 SoC、SoH、SoF 等 BMS 的主要功能所要达到的精度进行规定等。

表 2-1　与 BMS 的质量、性能、功能相关的强制性标准

国内标准			
序号	标准号	标准名称	备注
1	GB/T 38661—2020	电动汽车用电池管理系统技术条件	规定了 BMS 的技术要求、试验方法、检验规则等
2	GB/T 2423.10—2019	环境试验　第 2 部分:试验方法　试验 Fc:振动（正弦）	给出了振动（正弦）试验方法，适用于车辆运输或使用期间因振动受到影响的检测
3	GB/T 2423.1—2008	电工电子产品环境试验　第 2 部分：试验方法　试验 A：低温	适用于电子产品的低温测试
4	GB/T 2423.2—2008	电工电子产品环境试验　第 2 部分：试验方法　试验 B：高温	适用于电子产品的高温测试
5	GB/T 2423.17—2008	电工电子产品环境试验　第 2 部分：试验方法　试验 Ka：盐雾	适用于电子产品的盐雾测试
6	GB/T 2423.22—2012	环境试验　第 2 部分：试验方法　试验 N：温度变化	适用于确定一次或者多次温度变化对电子产品的影响检测
7	GB/T 2423.34—2012	环境试验　第 2 部分：试验方法　试验 Z/AD：温度/湿度组合循环试验	适用于确定电子产品在高温/高湿和低温条件劣化作用下的耐受性能
国外标准			
序号	标准号	标准名称	备注
1	ISO 11898	Road vehicles—Controller area networks（CAN）	CAN 总线标准（国际标准）

2）由电池系统的标准析出的对 BMS 的要求（见表 2-2）。例如，国家标准要求整个电池系统在充电、放电的过程中，能做到自我保护，保证在正常使用过程中不过充、不过放，这就要求 BMS 具备充电保护、放电保护的功能。因此在收集 BMS 标准时不能单纯地从电子、电气的角度出发，还要从电池系统（电池包）的角度出发。

表 2-2　涉及电池系统的相关强制性标准

国内标准			
序号	标准号	标准名称	备注
1	GB/T 31467.1—2015	电动汽车用锂离子动力蓄电池包和系统　第 1 部分：高功率应用测试规程	对应国际标准：ISO 12405-1：2011
2	GB/T 31467.2—2015	电动汽车用锂离子动力蓄电池包和系统　第 2 部分：高能量应用测试规程	对应国际标准：ISO 12405-2：2012
3	GB 38031—2020	电动汽车用动力蓄电池安全要求	

(续)

		国外标准	
序号	标准号	标准名称	备注
1	IEC 62660-1:2010	Secondary lithium-ion cells for the propulsion of electric road vehicles—Part 1:Performance testing	电动汽车用锂离子动力蓄电池单体 第1部分:性能测试(国际标准)
2	IEC 62660-2:2010	Secondary lithium-ion cells for the propulsion of electric road vehicles — Part 2:Reliability and abuse testing	电动汽车用锂离子动力蓄电池单体 第2部分:机械可靠性和滥用性测试(国际标准)
3	ISO 12405-1:2011	Electrically propelled road vehicles — Test specification for lithium-ion traction battery packs and systems — Part 1:High-power applications	电动汽车用锂离子动力蓄电池包和系统 第1部分:高功率应用测试规程(国际标准)
4	ISO 12405-2:2012	Electrically propelled road vehicles — Test specification for lithium-ion traction battery packs and systems — Part 2:High-energy applications	电动汽车用锂离子动力蓄电池包和系统 第2部分:高能量应用测试规程(国际标准)
5	ISO 12405-3:2014	Electrically propelled road vehicles — Test specification for lithium-ion traction battery packs and systems — Part 3:Safety performance requirements	电动汽车用锂离子动力蓄电池包和系统 第3部分:安全性要求测试规程(国际标准)
6	ISO 12405-4:2018	Electrically propelled road vehicles — Test specification for lithium-ion traction battery packs and systems — Part 4:Performance testing	电动汽车用锂离子动力蓄电池包和系统 第4部分:性能测试测试规程(国际标准)
7	ISO 6469-1:2019	Electrically propelled road vehicles — Safety specifications — Part 1:Rechargeable energy storage system	电动汽车安全规范 第1部分:可充电储能系统

3)由整车安全的要求析出对BMS的要求(见表2-3)。例如,国内、国际标准对于全车电子系统的EMC(电磁兼容)进行了规定,要求BMS在工作时,对外辐射强度不能高于一定的阈值;与此同时,BMS在工作时还要抵抗一定强度的外界辐射,避免系统受到轻度干扰的影响就停止工作。

表2-3 涉及整车安全的相关强制性标准

		国内标准	
序号	标准号	标准名称	备注
1	GB 18384—2020	电动汽车安全要求	规定了电动汽车的安全要求和试验方法
2	GB/T 28046.1—2011	道路车辆 电气及电子设备的环境条件和试验 第1部分:一般规定	对应国际标准: ISO 16750-1:2006
3	GB/T 28046.2—2019	道路车辆 电气及电子设备的环境条件和试验 第2部分:电气负荷	对应国际标准: ISO 16750-2:2012
4	GB/T 28046.3—2011	道路车辆 电气及电子设备的环境条件和试验 第3部分:机械负荷	对应国际标准: ISO 16750-3:2007
5	GB/T 28046.4—2011	道路车辆 电气及电子设备的环境条件和试验 第4部分:气候负荷	对应国际标准: ISO 16750-4:2006

第2章 BMS的开发及产品周期

（续）

国内标准			
序号	标准号	标准名称	备注
6	GB/T 28046.5—2013	道路车辆 电气及电子设备的环境条件和试验 第5部分：化学负荷	对应国际标准：ISO 16750-5：2010
7	GB/T 30512—2014	汽车禁用物质要求	规定了汽车整车及其零部件产品中禁止使用的物质
8	GB/T 31498—2021	电动汽车碰撞后安全要求	规定了带有B级电压电路的纯电动汽车、混合动力汽车正面碰撞、侧面碰撞后的特殊安全要求和试验方法

国外标准			
序号	标准号	标准名称	备注
1	ISO 16750-1：2006	Road vehicles—Environmental conditions and testing for electrical and electronic equipment—part 1：General	道路车辆 电气及电子设备的环境条件和试验 第1部分：一般规定（国际标准）
2	ISO 16750-2：2012	Road vehicles—Environmental conditions and testing for electrical and electronic equipment—Part 2:Electrical loads	道路车辆 电气及电子设备的环境条件和试验 第2部分：电气负荷（国际标准）
3	ISO 16750-3：2012	Road vehicles—Environmental conditions and testing for electrical and electronic equipment—Part 3：Mechanical loads	道路车辆 电气及电子设备的环境条件和试验 第3部分：机械负荷（国际标准）
4	ISO 16750-4:2010	Road vehicles—Environmental conditions and testing for electrical and electronic equipment—Part 4:Climatic loads	道路车辆 电气和电子设备的环境条件和试验 第4部分：气候负荷（国际标准）
5	ISO 11452-2：2004	Road vehicles—Component test methods for electrical disturbances from narrowband radiated electromagnetic energy—Part 2：Absorber-lined shielded enclosure	道路车辆 窄带辐射的电磁能量产生的电干扰的部件试验方法 第2部分：吸波屏蔽外壳（国际标准）
6	ISO 11452-4：2005	Road vehicles—Component test methods for electrical disturbances from narrowband radiated electromagnetic energy—Part 4：Bulk current injection（BCI）	道路车辆 窄带辐射的电磁能量产生的电干扰的部件试验方法 第4部分：体电流注入（BCI）（国际标准）

功能性标准则针对BMS的各项功能进行了规定，首先必须按照强制性标准设置相关的功能及技术指标（见表2-4），进而再根据企业或者客户需求设置相应的功能标准。例如，规定充电系统的各项指标、规格、连接装置需满足的国家强制性标准要求，但充电电流、保护电压、均衡方式等参数则根据电池特性、产品需求等进行设置；又如，参照国家强制性标准规定外壳防护等级与使用环境的对应关系，但具体功能还要根据企业对产品成本、应用场合等的综合考虑来确定。

表 2-4 功能性标准的参考文件

国内标准			
序号	标准号	标准名称	备注
1	QC/T 797—2008	汽车塑料件、橡胶件和热塑性弹性体件的材料标识和标记	规定了汽车塑料件、橡胶件和热塑性弹性体件的材料标识和标记要求
2	QC/T 29106—2014	汽车电线束技术条件	规定了汽车电线束的要求、试验方法、检验规则、标志、包装、储存和保管
3	GB/T 27930—2015	电动汽车非车载传导式充电机与电池管理系统之间的通信协议	规定了电动汽车非车载传导式充电机与电池管理系统之间基于控制器局域网的通信物理层、数据链路层及应用层的定义
4	GB/T 20234.1—2015	电动汽车传导充电用连接装置 第1部分：通用要求	规定了电动汽车传导充电用连接装置的定义、要求、试验方法和检验规则
5	GB/T 20234.2—2015	电动汽车传导充电用连接装置 第2部分：交流充电接口	规定了电动汽车传导充电用交流充电接口的通用要求、功能定义、型式结构、参数和尺寸
6	GB/T 20234.3—2015	电动汽车传导充电用连接装置 第3部分：直流充电接口	规定了电动汽车传导充电用直流充电接口的通用要求、功能定义、型式结构、参数和尺寸
7	QC/T 413—2002	汽车电气设备基础技术条件	规定了汽车用电气设备的技术要求、试验方法、检验规则、标志、包装、贮存和保管
8	GB/T 34590.1～.12—2022	道路车辆 功能安全	对应国际标准：ISO 26262-1～-12：2018
国外标准			
序号	标准号	标准名称	备注
1	ISO 26262-1～-12:2018	Road vehicles—Functional safety	道路车辆 功能安全
2	UL 2580：2013	Batteries for use in electric vehicles	电动汽车用电池（美国标准）

需求性标准是针对特定的产品及需求方的要求，对其功能、技术指标、尺寸、规格等内容进行规定。此类标准是在满足强制性标准、功能性标准的基础上，根据产品特殊性而建立起来的，往往为产品定向开发所制定，见表2-5。

第 2 章　BMS 的开发及产品周期

表 2-5　需求性标准的参考文件

国内标准			
序号	标准号	标准名称	备注
1	GB/T 17619—1998	机动车电子电器组件的电磁辐射抗扰性限值和测量方法	/
2	GB/T 18655—2018	车辆、船和内燃机　无线电骚扰特性　用于保护车载接收机的限值和测量方法	对应国际标准：CISPR 25：2016
3	GB/T 19596—2017	电动汽车术语	/
4	GB/T 18387—2017	电动车辆的电磁场发射强度的限值和测量方法	/
5	GB/T 19951—2019	道路车辆　电气/电子部件对静电放电抗扰性的试验方法	对应国际标准：ISO 10605：2008
6	GB/T 21437.2—2021	道路车辆　电气/电子部件对传导和耦合引起的电骚扰试验方法　第 2 部分：沿电源线的电瞬态传导发射和抗扰性	对应国际标准：ISO 7637-2：2011
7	GB/T 21437.3—2021	道路车辆　电气/电子部件对传导和耦合引起的电骚扰试验方法　第 3 部分：对耦合到非电源线电瞬态的抗扰性	对应国际标准：ISO 7637-3：2016
8	GB/T 17626.4—2018	电磁兼容　试验和测量技术　电快速瞬变脉冲群抗扰度试验	对应国际标准：ISO 61000-4-4：2012
9	GB/T 17626.5—2019	电磁兼容　试验和测量技术　浪涌（冲击）抗扰度试验	对应国际标准：ISO 61000-4-5：2014
10	GB/T 17626.6—2017	电磁兼容　试验和测量技术　射频场感应的传导骚扰抗扰度	对应国际标准：ISO 61000-4-6：2013
11	GB/T 33014.2—2016	道路车辆　电气/电子部件对窄带辐射电磁能的抗扰性试验方法　第 2 部分：电波暗室法	对应国际标准：ISO 11452-2：2004
12	GB/T 33014.4—2016	道路车辆　电气/电子部件对窄带辐射电磁能的抗扰性试验方法　第 4 部分：大电流注入（BCI）法	对应国际标准：ISO 11452-4：2005
国外标准			
序号	标准号	标准名称	备注
1	SAE J2464：2009	Electric and hybrid electric vehicle rechargeable energy storage system safety and abuse testing	电动和混合动力电动汽车可再充能量储存系统的安全和滥用性测试（美国标准）
2	SAE J2929：2013	Electric and hybrid electric vehicle propulsion battery system utilizing lithium-based rechargeable cells	利用锂基可充电电池的电动汽车和混合动力汽车电池系统标准（美国标准）
3	SAE J2380：2013	Vibration testing of electric vehicle batteries	电动车电池的振动测试（美国标准）
4	ISO 10605：2008	Road vehicles—Test methods for electrical disturbances from electrostatic discharge	道路车辆　电气/电子部件对静电放电抗扰性的试验方法（国际标准）
5	ISO 7637-2：2011	Road vehicles—Electrical disturbances from conduction and coupling—part 2：Electrical transient conduction along supply lines only	道路车辆　电气/电子部件对传导和耦合引起的电骚扰试验方法　第 2 部分：沿电源线的电瞬态传导发射和抗扰性（国际标准）

根据系统软硬件设计类型不同，还可分为硬件标准和软件标准。硬件标准指的是 BMS 在制造过程中，其硬件部分需满足的一系列要求，包括硬件尺寸、硬件材料、硬件规格、硬件防护级别、硬件指标等；软件标准则指的是在 BMS 设计过程中，软件系统上所具备的各种功能、算法或者逻辑架构，包括系统软件实施流程、软件功能实现思路、系统控制逻辑、功能安全规范等。以往的认识更多地停留在硬件标准层面，而近年来与软件相关的一些标准逐渐受到了人们的关注，其中比较有代表性的就是 AUTOSAR 的软件架构规范，以及 ISO 26262 的参考标准。

2.1.3　BMS 研发的过程

为了开发出安全可靠的 BMS，必须具备完善的研发流程，确保设计有源，过程可控，问题可溯。电动汽车 BMS 研发的一般流程如图 2-3 所示。

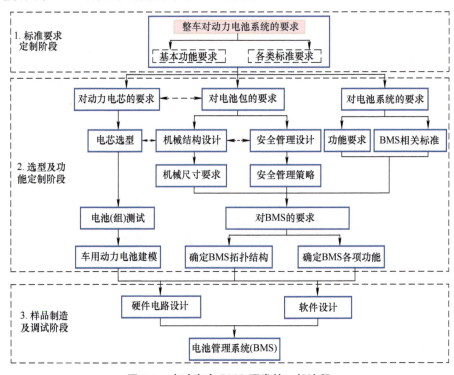

图 2-3　电动汽车 BMS 研发的一般流程

该流程分为以下三个阶段：

1）标准要求定制阶段。BMS 开发与整车特性密切相关，因此 BMS 的开发前期必须先参考整车对动力电池系统的要求，包括基本功能及各类标准的要求，由此确定 BMS 的设计标准。

2）选型及功能定制阶段。该阶段是在标准要求制定阶段完成后，对各项内容进行细化。其主要包括三个方面的考虑：①动力电池及成组方面，根据整车功率需求，确定电芯的型号、厂商、电池组的组合形式、电池的性能等内容，因此 BMS 制造不是单纯地应用原有的技术，还得经过一系列的电池测试，获得电池在不同方面（如适应温度、可支撑电流、充放电截止电压

第 2 章　BMS 的开发及产品周期

等）所表现的特性，为 BMS 设计提供一系列参考指标（如 SoC 评估、SoH 评估、安全防护指标）。②电池包方面，根据整车结构以及设计理念确定电池包的机械尺寸、安全管理（包括热管理、高压管理等）等内容，为 BMS 的功能和拓扑连接结构提供实体架构。③BMS 的架构设计，需结合动力电池、电池包两方面的信息，确定 BMS 的拓扑结构和各项功能。

3）样品制造及调试阶段。在电池选型和 BMS 基本架构、功能确定的前提下，开展系统软硬件开发及测试、优化等工作，最终形成满足设计要求的 BMS。

当 BMS 研发经历了上述几个阶段并形成样品后，才具备 BMS 产品量产的可能性。以下将针对 BMS 产品的前期分析阶段、设计开发阶段以及生产运营阶段三个阶段进行详细说明。

2.2　BMS 产品前期分析阶段

一个成功的 BMS 产品，要能够充分地满足所配套电池系统及整车的需求，同时保障产品开发过程中各项技术问题能够被顺利地攻关，产品性能和质量能符合安全使用标准。因此 BMS 产品开发前期，需经过产品需求分析、可行性分析及安全风险分析三个步骤，以下将对这三个步骤进行详细说明。

2.2.1　BMS 产品需求分析

首先，BMS 产品必须根据整车架构、客户需求等情况，确定相关的 BMS 产品功能、技术指标等内容，并逐项讨论其实现的可行性、成本及周期等一系列问题。如图 2-4 所示，BMS 产品需求大致可分为 5 个类型。

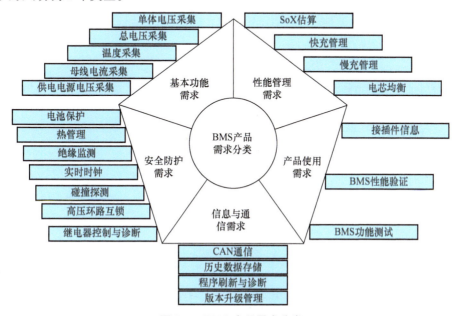

图 2-4　BMS 产品需求分类

1）基本功能需求。基本功能是 BMS 产品必备的功能，包括单体电压采集、总电压采集、温度采集、母线电流采集、供电电源电压采集等内容。这些信息的获得，也为其他需求提供了数据基础。

2）性能管理需求。该需求是在基本功能需求的基础上，根据特定的产品环境，对电池系统工作过程各项性能进行评估。目前比较常用的性能管理内容主要包括：SoX 估算、快充管理、慢充管理、电芯均衡等。当然，在 BMS 产品需求分析过程中，也会结合成本和客户需求，增加或者删除相应的性能。

3）安全防护需求。电池系统的安全防护，是新能源汽车安全的一个至关重要的环节，而这个重任往往依赖于 BMS。因此，考虑安全防护的需求，是 BMS 产品具备竞争力和市场认可度的必要前提。一般来讲，安全防护的需求包括电池保护、热管理、绝缘监测、高压环路互锁、实时时钟等内容，会根据电池特性、整车设计以及客户需求的复杂度不同而开发相应的防护功能。

4）信息与通信需求。为保障 BMS 中各子系统之间、与整车之间的通信安全、可靠，同时具有独立的通信规范，必须制定相应的通信协议；为进一步提升系统安全及检测手段，还需考虑必要的历史数据存储；针对人性化的功能设计，在通信方面的程序刷新与诊断以及版本升级管理也是需要关注的内容。

5）产品使用需求。为了保证 BMS 产品能够安全、稳定地在整车上应用，结合上述各种需求，必须具备相应的功能测试以及性能验证手段及指标；同时，根据应用对象的不同，还要确定 BMS 产品与其他整车零部件之间接口的特性，做好接口选型的规划。

由此可见，前期的需求分析涉及面广，但通过有条理的分类，制定 BMS 产品需求总表，并针对各项进行分析，能快速、合理地确定产品的需求条件。典型的 BMS 产品需求评估内容见表 2-6。其中，表中的第 3 列冒号后面需要在设计阶段认真填写，而最后两列是在校核阶段填写。

表 2-6 BMS 产品需求总表

序号	需求类别	详细需求描述	是否符合	备注
1	单体电压采集	单体电芯电压检测范围、精度、巡检周期和通道数目等：		
2		其他，如硬件故障诊断功能：		
3	总电压采集	总电压检测范围、精度、巡检周期和通道数目等：		
4		其他，如硬件故障诊断功能：		
5	温度采集	温度检测范围、精度、巡检周期和通道数目等：		
6		其他，如硬件故障诊断功能：		
7	母线电流采集	电流检测范围、精度、巡检周期和通道数目等：		
8		其他，如硬件故障诊断功能：		
9	供电电源电压采集	电源电压检测范围、精度、巡检周期等：		
10		其他，如工作电流、休眠电流：		

第 2 章　BMS 的开发及产品周期

（续）

序号	需求类别	详细需求描述	是否符合	备注
11	SoX 估算	SoC 估算要求、精度及策略等：		
12		SoP 估算要求、精度及策略等：		
13		SoH 估算要求、精度及策略等：		
14		SoE 估算要求、精度及策略等：		
15	快充管理	符合新充电国标要求等：		
16		其他，如故障保护策略：		
17	慢充管理	符合新充电国标要求等：		
18		其他，如故障保护策略：		
19	电芯均衡	耗散性均衡电流大小：		
20		耗散性均衡策略：		
21	电池保护	电芯厂商提供的电池保护参数：		
22		单体过电压保护、单体欠电压保护和单体压差过大保护：		
23		电池包总电压过电压和欠电压保护：		
24		当电池组内部或者外部高压回路发生短路时，短路保护：		
25	热管理	结合电池包热管理方案设计，对电池包进行热管理：		
26		其他，如控制水泵和进出水口温度采集或者加热膜温度采集：		
27	绝缘监测	绝缘电阻检测范围、精度及策略等：		
28	高压环路互锁	高压互锁检测范围、精度、巡检周期和通道数目等：		
29		其他，如硬件故障诊断功能：		
30	实时时钟	实时时钟功能，如断电保持时间：		
31	碰撞探测	碰撞信号检测方式、精度、巡检周期和通道数目等：		
32		其他，如硬件故障诊断功能：		
33	继电器控制与诊断	继电器控制支持路数：		
34		继电器驱动持续电流：		
35		其他，如硬件故障诊断功能：		
36	CAN 通信	CAN 通信传输速率、报文周期和通道数目等：		
37		其他，如 CAN 质量、网络管理功能要求：		
38	历史数据存储	历史数据存储方式、周期、格式等：		
39	程序刷新与诊断	程序升级要求，如空中下载（OTA）/刷新回滚等：		
40		其他，如统一诊断服务（UDS）刷新，支持统一诊断服务（UDS）诊断等：		

(续)

序号	需求类别	详细需求描述	是否符合	备注
41	版本升级管理	BMS 版本管理,包括软件版本管理和硬件版本管理:		
42	BMS 功能测试与性能验证	功能类测试:		
43		性能类测试:		
44		电气类测试:		
45		环境应力类测试:		
46		机械应力类测试:		
47		电磁兼容性测试:		
48		阻燃等级:		
49		禁用物质:		
50	接插件信息	BMS 与电池包或者整车接口边界:		

注:本表内容由东莞钜威动力技术有限公司提供。

2.2.2 BMS 产品可行性分析

为降低实际研发、生产、销售、售后等过程的各种因素影响所导致的风险,企业在确认了 BMS 产品需求后,在做产品设计之前需要开展可行性分析,分析的对象包括图 2-5 所示的六个方面。

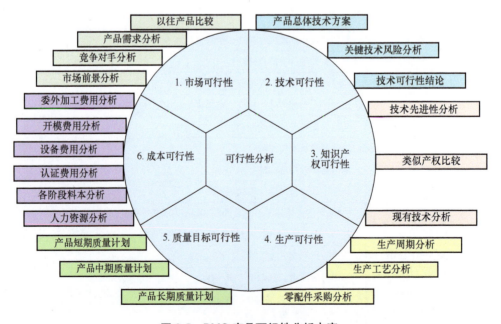

图 2-5 BMS 产品可行性分析内容

第2章　BMS的开发及产品周期

1）市场可行性分析。首先需对市场前景进行分析，确定产品开发在市场上的占有程度和必要性；进一步对相类似产品或竞争对手进行分析，比较相互之间的异同；同时与以往产品进行比较，对待开发产品的基本状况有个比较清晰的概念。

2）技术可行性分析。必须先确定产品总体的技术方案，并针对其中的关键技术所涉及的各项风险进行分析，最后给出技术可行性结论，判断在当前的技术和研发基础下，该产品是否能被开发出来并进行产业化的推广。

3）知识产权可行性分析。当产品向外销售时，知识产权的独特性是企业避免产品抄袭、侵权、涉密等法律控诉的有力证明。因此，围绕产品总技术方案，对现有技术进行查新，筛选类似产品的特性，并凝练待开发产品的技术先进性或独到之处，必要时申请相关专利，是产品能在市场正常销售的法律保障。

4）生产可行性分析。结合企业本身的特点，对零配件采购难度、生产工艺复杂度、生产周期长短等细节做出判断，这是关系到企业在承接项目时是否能达到预期目标的关键。因此，针对涉及生产环节的一系列工作，开展相应的工作内容难度、复杂度、耗时评估，能为项目顺利进行提供现实基础及策划方案。

5）质量目标可行性分析。BMS产品质量包括产品合格率、产品功能精度、使用稳定性、产品寿命等内容，由于需求的不同会导致产品在质量可靠性上呈现不同的特点。为了更好地评估产品质量可行性，可以通过制定某个BMS产品短期、中期、长期的质量计划，并根据现阶段的技术水平及未来发展能力对各个阶段进行评价，在此基础上完成质量目标可行性分析。

6）成本可行性分析。除了上述几大参数的考虑之外，BMS的开发及生产成本将直接关系到该产品是否能被投入生产。对于企业而言，成本的考虑主要涉及以下六个方面：

第一，人力资源。即对该产品的设计开发、样品制造、生产、后期升级维护等人力投入的规模进行评估，为企业的人力资源承受能力、人员调配及预测、生产人力投入计划等提供参考。

第二，各阶段料本。通过各阶段料本的评估，可为企业在该产品的经费投入上提供判断依据，同时也是决定该产品是否能被生产及销售的关键因素。

第三，认证费用。与普通产品不同，BMS产品涉及整车使用安全、健康安全、功能稳定性等问题，需通过一系列国家认证标准。根据产品技术难度的不同，其认证费用也呈现不同的收费标准（如普通的BMS产品，一般通过国家强制性要求的标准测试即可；但对于带有功能安全的BMS产品，则需经过ISO 26262标准的一系列测试，其认证费用高昂），因此企业在开发BMS产品时，对产品认证情况必须慎重考虑。

第四，设备费用。不同功能需求的BMS在设计、生产、测试过程都需要应用到各种设备，通常企业希望客户要求的BMS产品都能在现有的设备上完成，若产品的生产需增加设备投入，则产品的成本将大大提高，客户不一定能够接受。

第五，开模费用。一般而言，BMS产品分为通用型和定制型产品，通用型BMS在前期制造过程已经过一系列调试和完善，生产过程可能存在已有的模具，因此制造费用较低；定制型BMS往往需根据客户特定的需求重新制造电路板或者产品外壳，这个过程导致产品的模具需重新制造，增加了模具的开发费用，模具的制造难度及费用大小将对该产品最终能否落地产生较大影响。

第六，委外加工费用。BMS制造涉及的委外加工主要包括电路板的生产、外壳的生产及相关连接线束的制造等，其费用多少与BMS的组合方式、应用需求、耗材成本等相关，因此对委外加工进行充分的调研，确定委外加工费用也是成本可行性分析的关键内容之一。

综上所述，开展BMS可行性分析，不是单纯的技术、市场应用分析过程，而是要从企业的规模、资金、人力、物力等的投入，质量的保障等多方面慎重考虑，否则会因前期评估不足而导致产品在生产制造过程受到阻碍甚至导致企业入不敷出。一般的BMS可行性报告目录如图2-6所示。

目　录

```
1 市场可行性分析······················································3
    1.1 市场前景分析··················································3
    1.2 竞争对手分析··················································3
    1.3 产品需求分析··················································3
    1.4 以往产品设计经验及现场使用数据································3
2 产品规格··························································3
    2.1 功能描述······················································3
    2.2 技术指标······················································4
    2.3 客户要求······················································4
3 技术可行性分析····················································4
    3.1 产品总体技术方案··············································4
    3.2 关键技术风险及应对措施········································5
    3.3 技术可行性结论················································5
4 知识产权可行性分析················································5
5 生产可行性分析····················································5
6 质量目标分析······················································6
7 成本可行性分析····················································6
    7.1 人力资源成本估算··············································6
    7.2 项目各阶段料本预算············································6
    7.3 认证费用预算··················································6
    7.4 设备费用预算··················································6
    7.5 开模费用预算··················································6
    7.6 委外加工费用预算··············································7
    7.7 各阶段各项费用预算汇总········································7
    7.8 项目预算······················································7
    7.9 成本可行性结论················································7
8 研发资源需求······················································7
    8.1 人力资源······················································7
    8.2 设备投入······················································7
9 项目计划里程牌····················································7
10 风险评估及应对措施···············································7
11 任命申请·························································7
```

图 2-6　BMS 可行性报告目录示例

注：本图示例由东莞钜威动力技术有限公司提供。

2.2.3 BMS 产品安全风险分析

产品安全性是 BMS 在整车应用的至关重要的原则，在完成 BMS 产品需求和可行性分析的基础上，还需对拟开发的 BMS 产品各项功能的安全性进行评估。从设计的角度上讲，安全风险分析包括硬件安全分析及软件安全分析两部分；从设备功能的角度上讲，则侧重于电池系统安全防护和控制策略。以下将对这三项工作进行说明。

1. 硬件安全分析

BMS 硬件安全分析是指分析 BMS 各模块所能实现的功能需求，包括故障-安全策略、独立性需求、故障监测需求等。在产品制造前期，通过编写"硬件设计安全规范"，一方面可对产品的设计、生产过程进行指导，另一方面也能为安全风险分析提供参考。

一般而言，硬件设计安全规范根据图 2-7 所示的目录进行设置，分为以下五个部分：

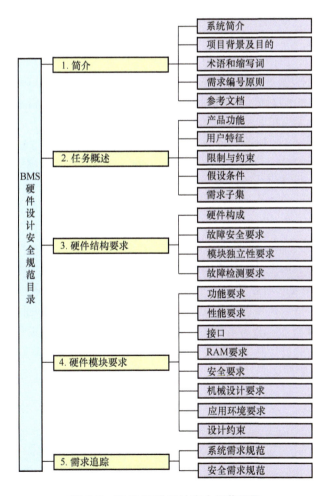

图 2-7 BMS 硬件设计安全规范目录

1）简介。对 BMS 进行简要介绍，包括系统设置的背景、实现目的的基本阐述；同时说明在"硬件设计安全规范"中出现的相关专业术语、缩写词，以便读者能理解其正确含义而不产生歧义；在此基础上，给出各种需求的编号原则和定义，以规范在整个文档中所有需求都能按照这个规则执行，方便设计的规范化；最后列出该文档引用的所有标准、文档及其版本号，包括系统需求规范、系统安全需求规范、系统结构设计、安全计划等文档。

2）任务概述。对该文档所包含的内容进行概述。第一，说明产品的应用前景、功能，以便读者了解产品的设计理念；第二，说明用户的特征，使读者明确面向用户的属性以引导产品实现正确的设计思路；第三，对产品的限制和约束进行说明，包括技术条件，如充电电压采集范围、电流采集范围、温度采集范围等，这类说明是产品设计参数的重要参考；第四，对假设条件进行说明，即对产品在各种假设条件下应该执行相应的功能或者指令进行详细说明，是产品功能体现的重要内容；最后，对产品需求子集，即相关附属条件进行说明，以规范产品的应用范围。

3）硬件结构要求。该项工作包括两个环节的内容：其一，对 BMS 的硬件结构要求进行描述；其二，对如何确保系统安全性的硬件结构要求进行规范性说明。上述第一个环节是对产品硬件构成进行总的描述，由产品功能展开，说明支配这些功能的硬件系统所需的基本构成；第二个环节则在第一个环节的基础上，考虑系统在故障时，针对危险响应及防护、模块隔离、故障检测及反馈等问题，开展相应的设计。因此，在硬件结构安全设计需求中，务必对系统故障安全要求、模块独立性要求以及故障检测要求进行说明。

4）硬件模块要求。这部分是针对每个模块（如 PCB、单元、子系统等）的硬件配套进行说明。第一，应根据产品定义，说明产品的具体功能，包括定义各个模块的功能。第二，定义产品性能，包括各模块特定的响应时间、处理速度、接口数量、接口性能、资源配置（如内存、空间容量等）、频率特性、电压等级以及相应的精度等。第三，在产品性能的基础上，确定各模块所支持的接口，具体包括通信协议、端口定义、逻辑地址及软硬件接口等，为硬件设计提供规范的接口信息。第四，描述系统及硬件的可靠性要求，如规定平均故障间隔时间、可用时间比例、平均维修时间等。第五，对各个模块涉及安全相关的要求进行描述，如故障-安全策略、独立性要求、故障检测要求等。第六，描述硬件模块的机械性能要求，包括模块/PCB 尺寸、装配规格、抗振要求、抗干扰要求、通风散热要求等。第七，描述硬件系统在应用环境的要求，如海拔、温湿度、绝缘防水、恶劣电磁环境等。第八，描述各个模块设计过程的约束条件，包括强制执行或必须坚持的设计原则，如硬件语言、硬件开发工具及相应芯片、保护装置等。

5）需求追踪。采用列表或其他合适的方式，对系统需求规范、安全需求规范等相关文件和内容进行描述，说明系统结构设计与硬件需求规范之间的追踪关系。

2. 软件安全分析

BMS 软件安全的目的在于保障 BMS 软件所控制的系统始终处于不危及人的生命财产和生态环境的安全状态上。从广义上讲，其包含两部分内容：一是保证 BMS 正常运行，避免由于各种非故意的错误与损坏产生而导致电池系统出现故障甚至安全事故；二是防止系统及数据被非法利用或破坏，确保在整车上能够正常、独立地运行。在 BMS 设计前期，通过编写"软件设计安全规范"，为 BMS 软件设计提供规范的引导和参考。

第 2 章　BMS 的开发及产品周期

一般而言,"软件设计安全规范"目录如图 2-8 所示,包括以下几部分:

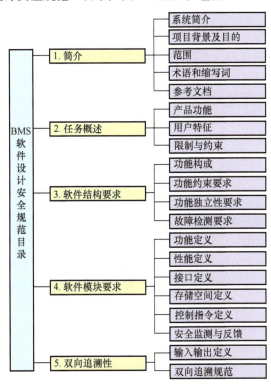

图 2-8　BMS 软件设计安全规范目录

1)简介。首先对 BMS 软件进行阐述,说明待设计软件的应用对象、拟实现功能或作用等;其次是对软件的设计背景和目的进行介绍,让读者能够了解基本的软件需求规范和实现的功能;再次是对软件安全需求进行定义,为后续设计打下基础;从次是对软件相关的专业术语、缩写词进行说明,为软件设计提供一定的规范性;最后说明与该 BMS 软件设计相关的规范文档,包括技术安全类、系统设计规范类、软硬件接口规范类、安全计划类等。

2)任务概述。首先对产品功能进行描述,说明 BMS 软件主要实现哪些功能;其次对用户特征进行说明,为设计者提供特定类型的软件编辑指引;最后描述软件的限制与约束,规范软件设计内容及细节。

3)软件结构要求。首先,对 BMS 软件的功能构成进行描述,明确主功能和子功能等要求;其次,在此基础上,考虑各项功能之间存在相互制约的关系,提出功能约束要求,如电池剩余电量评估,需要涉及电压、电流甚至温度等信息的采集,那么关于剩余电量评估相关的功能,都需要受电压、电流、温度等子模块的输出结果的制约;再次是功能独立性要求,对于类似电压、电流、温度等信息采集及输出功能,其可作为单独的功能或者函数而存在,有利于其他功能在应用过程中的调用,因此针对这类功能提出独立性要求,提示读者可以单独将这类功能进行编辑、开发;最后,对各项软件功能在运行过程中可能出现的故障或者错误进行定义及说明,阐述系统该如何判断此类故障，并提出相应的故障反馈及维护措施。

4）软件模块要求。为正确引导软件开发，第一是对各项功能进行定义，确定功能函数；第二是对各项性能进行定义，确定电池各项性能在 BMS 软件系统中的表现形式；第三是对包括软硬件接口在内的各种接口进行定义，以指导软硬件综合应用；第四是定义各项功能的存储空间，规范系统运行过程的空间分配，确保系统运行效率；第五是对各项控制指令进行定义，规范软件编辑对各项操作的函数名，确保设计过程不产生定义重复；第六是确定各模块的安全监测与反馈的思路及流程，为 BMS 的防护设计提供指引。

5）双向追溯性。为确保软件安全，要求系统能够根据输入或者输出的信息，判断信息具体内容或者输送方向。为实现这一目标，通常会对输入、输出进行有效的定义，确定双向追溯的规范。

3. 系统安全防护要求

此部分是从 BMS 的整体功能角度出发，考虑涉及系统安全的内容，如电池过电压、温度过高、一致性差异过大等问题，确定系统该如何做出判断和进行相应的信息反馈及命令执行。一般而言，系统安全防护可以分为一般警告、过界警告、故障防护三类。

1）一般警告主要涉及系统在正常情况下，接近临界状态而做出的反馈，如电池低压、温度有所上升等。

2）过界警告指的是电池状态存在部分超过正常界限，但对系统安全使用并不影响而做出的反馈，如外界温度较高但未达到安全温度极限、电池一致性差、单体电压升高/降低较明显等。

3）故障防护则是电池系统所反馈的信息已经超过安全使用的参数范围，此时必须通过故障隔离、关闭使用，甚至开启故障防护等措施进行防护，如单体电池温度过高、电压过低而断开电源并进行冷却处理等。

在设计过程中，系统安全防护要求需要参照国家对新能源汽车动力电池安全的相关规定进行制定，典型的参考文件见表 2-7。

表 2-7　典型的 BMS 安全防护要求参考文件

序号	标准号	标准名称	标准类型	备注
1	GB 18384—2020	电动汽车安全要求	国家标准	
2	GB 38031—2020	电动汽车用动力蓄电池安全要求	国家标准	
3	GB/T 28046.1—2011	道路车辆　电气及电子设备的环境条件和试验　第 1 部分：一般规定	国家标准	对应国际标准：ISO 16750-1：2006
4	GB/T 28046.2—2019	道路车辆　电气及电子设备的环境条件和试验　第 2 部分：电气负荷	国家标准	对应国际标准：ISO 16750-2：2012
5	GB/T 28046.3—2011	道路车辆　电气及电子设备的环境条件和试验　第 3 部分：机械负荷	国家标准	对应国际标准：ISO 16750-3：2007
6	GB/T 28046.4—2011	道路车辆　电气及电子设备的环境条件和试验　第 4 部分：气候负荷	国家标准	对应国际标准：ISO 16750-4：2006

第2章 BMS 的开发及产品周期

（续）

序号	标准号	标准名称	标准类型	备注
7	GB/T 28046.5—2013	道路车辆 电气及电子设备的环境条件和试验 第5部分：化学负荷	国家标准	对应国际标准：ISO 16750-5：2010
8	GB/T 30512—2014	汽车禁用物质要求	国家标准	
9	GB/T 4208—2017	外壳防护等级（IP 代码）	国家标准	对应国际标准：IEC 60529：2013
10	GB/T 31498—2021	电动汽车碰撞后安全要求	国家标准	
11	GB/T 34590.1~.12—2022	道路车辆 功能安全	国家标准	对应国际标准：ISO 26262-1~-12：2018
12	QC/T 413—2002	汽车电气设备基本技术条件	行业标准	
13	GB/T 38661—2020	电动汽车用电池管理系统技术条件	国家标准	
14	QC/T 29106—2014	汽车电线束技术条件	行业标准	

2.3 BMS 产品设计开发阶段

在 BMS 设计开发阶段，一般会针对 BMS 设计开发内容，从硬件设计、软件设计以及验证测试三个方面开展相关工作，本节将对这三个方面的过程控制进行详细描述。

2.3.1 BMS 硬件设计过程控制

为了保证 BMS 产品在生产过程的各项指标能够保持在规定的范围内，通常采用过程控制的方法，对生产装置、生产过程的硬件相关参数进行监控和优化，使得生产过程产品的产量增加、质量提高和能耗减少。因此，制定"BMS 硬件设计过程控制"文档对产品硬件的设计和开发的全过程进行控制，确保产品能满足顾客的需求和期望，并达到有关法律、法规、标准的规定。

常见的"BMS 硬件设计过程控制"文档包括以下七部分：

1）开发设计目的。说明产品的开发背景、客户需求以及需满足的标准。

2）适用范围。确定产品开发的应用对象，为产品的功能、复杂度、质量等设计及制造任务提供参考。

3）定义。对产品相关的概念、功能、参数等进行定义，规范专用术语。

4）职责。确定所参与的各类人员的工作职责，明确各自工作任务。

5）运作流程制定。包括设计开发策划、硬件设计开发输入、硬件设计开发输出、设计开发验证、产品变更控制等部分。通过各项流程的制定，有利于对开发工作的计划排班、开发周期的确定、开发任务完成难度及风险进行把控。

6）硬件详细设计方案评审及确定。此环节主要用于规范开发设计的具体内容，通过方案评审以检查开发设计是否存在遗漏、缺点，保障开发设计的正确性。因此该环节包括详细硬件设计、硬件原理图设计及内部设计评审三个部分。

7）硬件实现与测试。规定硬件实现的一系列工作与流程，保障硬件制造过程的正常进行。

在硬件开发及过程控制的上述细节中，硬件详细设计方案评审及确定是针对总体方案的科学性、合理性、可行性以及设计方案的有效性等问题而开展的讨论、分析工作，是整个BMS开发项目最为关键的步骤。

一般而言，总体方案的审查包括两部分：一是对有关文档的格式、内容的科学性、描述的准确性以及详细情况进行审查；二是对总体设计中的技术合理性、可行性进行审查。如果审查不通过，则需重新制定设计方案。

当硬件总体设计方案通过后，可以开始对关键器件的样品进行申购及制造，在确认关键器件之后，则要针对硬件实现的总体架构以及硬件涉及的电路板开展设计。

首先，硬件实现的总体架构设计指根据产品功能和需求，对BMS的零部件、电源、原理图进行设计和制作。一般输出原理图样、元器件BOM（材料清单）表等。

其次，硬件涉及的电路板总体设计，也称为单板总体设计，是在硬件实现总体架构确认的基础上，对BMS硬件电路板进行设计，一般要与CAD配合完成。设计过程中，要充分地关注电路板的布局、走线的速率、线间干扰以及EMI（电磁干扰）等的设计情况，并采用CAD相关软件辅助分析。待工作完成后，输出单板总体设计方案书，其主要内容包括：①电路板功能概述；②电路板尺寸；③电路板逻辑图及各功能模块说明；④电路板软件功能描述；⑤软件功能模块划分；⑥硬件接口定义及与相关板的连接关系；⑦重要性能指标、功耗及采用标准；⑧开发用仪器仪表等。

每项任务的单板都要有总体设计方案，且要经过企业高层专业管理人员进行评审，否则要重新设计。只有通过总体方案的审核，才能进行单板详细设计。

在单板详细设计环节中，要遵守企业的硬件设计技术规范，对物料选用、成本控制要特别注意。由于不同的单板，在硬件详细设计上可能存在较大的差别，因此务必对单板整体功能进行准确描述并对模块进行精心划分，同时确定硬件接口的详细方案、关键元器件的选型、功能，最终形成符合规范的原理图和PCB图，并参照测试计划执行。单板详细设计要撰写单板详细设计报告，并经过审核通过，方可进行PCB设计及试样；若没有通过，则要根据硬件需求重新设计单板详细设计报告。

在完成结构电源、单板硬件设计后，通过联调可以发现设计过程的不足，同时验证设计目的是否达到预期效果。因此，撰写系统联调计划，对整个联调过程进行详细记录，有利于保证产品的稳定性和可靠性。经过联调后，由研发部门对其结果进行评审，如果不符合产品要求，则需返回优化完善。如果联调通过，则可以对项目文件进行归档，并进行设计验收。

2.3.2 BMS软件设计过程控制

与硬件设计相匹配，需对软件开发流程进行规范化管理，优化其过程控制。其目的在于对产品软件设计实施有效的计划和管理，从而进一步提高软件开发的工程化、系统化水平，提高软件质量和系统管理水平，以保证软件开发的规范性和继承性。典型的BMS软件设计流程如图2-9所示。

第 2 章　BMS 的开发及产品周期

图 2-9　BMS 软件设计流程

该流程分为以下三个阶段。

（1）软件需求分析阶段

这一阶段首先根据产品特征、客户需求以及硬件选型，开展软件需求分析及风险评估，并制定软件开发计划和配置管理计划，最后输出软件需求规格书、软件开发计划以及软件测试计划等文件。

（2）软件详细设计阶段

该阶段将根据软件开发计划，对软件进行详细的设计，并开展内部设计评审。若评审通过，则进入第三阶段；若评审不通过，则需针对相关问题对软件进行优化及完善。该阶段必须输出软件详细设计说明、软件接口设计说明以及软件设计内部评审等文件，为之后的软件产品定型提供技术性及可行性支撑材料。

（3）软件实现及测试阶段

在通过第二阶段的内部评审后，对软件编码并进行调试，并根据第一阶段的软件测试计划开展单元测试，若两项测试都通过，则开展软件集成调试，最终发布测试版本。将测试版本投入系统测试，并对其进行优化及完善，最终通过评审进行软件发布。在该阶段中，需输出软件程序代码、测试用例、分析报告、软件及源代码、调试报告、测试软件、软件评审验证报告及版本说明等文件。

值得注意的是，在软件设计过程中，需围绕产品、系统、软硬件相关的规范和指标进行，以保障产品合法、合规。

2.3.3 BMS集成验证测试

在通过BMS软硬件开发及测试后，需要进行软硬件集成测试，以验证产品的性能。常见的验证测试工作包括三部分：①产品测试计划；②产品测试记录；③设计失效模式及后果分析（DFMEA）。

1. 产品测试计划

在软硬件样品制造完成后，需制定测试计划，其内容可以参考表2-8。通过待测试项目的具体内容，制定相应的判定标准、缺陷严重等级、测试方法、委外加工情况、参考标准、样品数量、计划开始-结束时间等。

表2-8 BMS成品测试计划

序号	测试项目	子项目	测试目的
1	基本功能与性能测试	1.1 供电电源检测 1.2 CAN通信 1.3 常温检测精度 1.4 控制策略 1.5 过电压及欠电压运行 1.6 安全性能检测 1.7 异常状态防护	验证基本功能及性能
2	充放电测试	无	检测产品在充放电过程中的采集是否异常，并验证充放电过程的均衡效果
3	电磁兼容可靠性	沿电源线的传导干扰	测试模块供电电源的抗干扰特性，严酷度为Ⅲ
4		抛负载（脉冲5a）	测试模块供电出现抛负载时的抗干扰特性
5		瞬态传导抗扰性	测试信号/控制线的传导抗干扰特性，严酷度为Ⅳ
6		电压瞬态传导发射	测试模块对电源网络的传导骚扰
7		传导发射（电压法）	测试模块对电源网络的传导骚扰
8		传导发射（电流法）	测试模块对电源网络的传导骚扰
9		电磁辐射发射-ALSE（电波暗室）法	测试模块对外的辐射骚扰
10		辐射抗扰（自由场法）	测试模块的辐射抗扰度
11		BCI（大电流注入）	测试电磁辐射抗扰度
12		静电放电	测试静电抗扰度
13		启动特性	模拟整车启动时抗扰度
14		电压骤降复位	模拟系统复位
15		供电电压缓升缓降	模拟蓄电池亏电及放电抗扰度
16		叠加交流电压	模拟供电电源纹波电压抗扰度
17		供电电压	检验最低、最高电压范围内模块功能
18		供电电压瞬时下降	模拟其他电路常规熔断器元件熔断时造成的影响
19		反向电压	验证产品电源电路反向电压保护功能

第 2 章　BMS 的开发及产品周期

（续）

序号	测试项目	子项目	测试目的
20	气候环境可靠性	低温运行	检查产品是否满足低温运行的测试
21		高温运行	检查产品是否满足高温运行的测试
22		低温存储	检查产品是否满足低温存储的测试
23		高温存储	检查产品是否满足高温存储的测试
24		温度梯度	验证耐温度变化抗扰度
25		规定变化率的温度循环	验证耐温度变化抗扰度、快温度循环
26		规定转换时间的温度变化（冷热冲击）	检测产品在冷热冲击的条件下对产品的影响，加速模拟慢温度循环
27		湿热循环	验证湿热环境变化抗扰度
28		稳态湿热	验证高湿环境抗扰度
29	机械环境可靠性	扫频振动	模拟耐电机振动抗扰度
30		随机振动	模拟安装在车身位置振动抗扰度
31		机械冲击	模拟受到机械冲击影响
32		自由跌落	验证安装过程中跌落防护
33	CAN 总线测试	无	检测产品的 CAN 总线的通信质量
34	压力测试（上下电）	无	检测产品连续上下电的工作情况
35	使用寿命测试	无	检验多样品在振动、温度、湿度环境条件下的总体运行质量
36	热应力测试	热应力测试	检测产品中元器件的温升是否符合元器件的规格
37	元器件应力测试	元器件应力测试	检测产品中元器件的电应力是否符合元器件的电气规格
38	电解电容寿命计算	电解电容寿命计算	检测产品中电解电容的寿命是否符合标准
39	计算平均故障间隔时间	计算平均故障间隔时间	检测产品的平均故障间隔时间是否满足标准
40	实车测试	无	检测产品能否实现实车运行
41	软件开发能力验证	项目软件功能验证	检测产品软件是否符合项目要求

注：本表内容由东莞钜威动力技术有限公司提供。

2. 产品测试记录

为确保产品在后续生产过程中的质量、功能、安全性都能得到保证，必须建立一套严谨的产品测试流程及记录方案，以便对产品各项细节的测试结果能够精准把握。典型的 BMS 样品测试记录见表 2-9，记录过程务必包含以下信息：

1）样品部门及送样时间、型号等，以明确样品的具体版本和内容。

2）根据测试项目开展系列测试，记录测试结果和检测周期，为产品使用效果及分析提供参考资料。

3）确定参与测试相关负责人和审核人等信息，以利于产品性能分析和后期的人员讨论。

表 2-9　BMS 样品测试记录样表

	送样部门：		送样日期：	
	样品名称：		样品型号：	
	硬件版本：		软件版本：	
	更改点：			

	测试项目	检测周期	检测结果	负责人	审核人	批准人	备注
1	供电电源测试						
2	总压采集精度						
3	电流采集精度						
4	温度采集精度						
5	绝缘采集精度						
6	电子锁控制						
7	信号检测						
8	充电信号占空比						
9	RTC 时钟						
10	程序升级						
11	参数读写						
12	数据存储						
13	上位机设置						
14	休眠及唤醒功能						
15	欠电压运行						
16	过电压运行						
17	安全性能测试						
18	继电器控制						
19	故障告警						
20	单体电压采集精度						
21	均衡测试						
22	静态漏电流						
23	继电器控制						
24	单路中断控制						
25	多路中断控制						
26	短路保护测试						
27	参考地和供电电压偏移						
	备注						

注：本表内容由东莞钜威动力技术有限公司提供。

第 2 章　BMS 的开发及产品周期

3. 设计失效模式及后果分析（DFMEA）

通过产品测试结果，分析由于设计问题而导致产品失效的主要原因，识别出关键、重要的失效影响因素，并制定相关的措施，保证失效问题不发生并且达到设计要求，这就是 DFMEA 的主要工作，通常包括五个部分，如图 2-10 所示。

1）结构分析：该部分主要针对 BMS 产品的元素或者过程的系统结构进行分析，定义各个模块（或者子项目、子系统），描述其相关的构成或者接口，以及所包含的零部件内容。

2）功能分析：主要是针对结构分析的各个子项目或者模块的功能进行描述，由系统到零部件逐层分析相关的功能、要求及预期输出，判断各层组合的特性。

3）失效分析：目的是针对系统要素功能，分析潜在失效后果、失效模式及失效原因，建立失效链，该部分的内容包括失效影响、严重度、失效模式以及失效原因四部分。

4）风险评估：其作用在于识别针对失效原因和失效模式的控制方法，对各个子系统子项目的失效情况，提出现行预防控制的手段、方法，说明发生的概率和探测手段，分析各子系统预防控制的优先级，最后定义该部分的风险评估指标，判断其对整体的影响率。

5）改进措施：针对各个子系统在前四部分的分析，提出相应的减少风险的必要措施，包括预防措施、探测措施，确定责任人和计划完成时间、改进的效果、状态以及风险发生后的严重性、发生概率和探测准确率等。

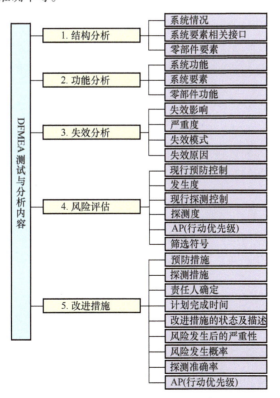

图 2-10　DFMEA 测试与分析内容

2.4　BMS 产品生产运营阶段

从狭义上讲，BMS 生产运营阶段不属于开发流程中的环节，但该阶段是产品品质保障及维护的关键，可视作 BMS 开发的后续阶段。本节将对该阶段的主要内容进行阐述。

2.4.1　BMS 的生产

BMS 的生产，包括生产能力的估计、配件采购、制作工艺制定、流水线生产、质检及出厂等环节，以下将对这几个环节进行说明。

1. 企业生产能力的估计

企业对自己生产能力的估计，是客户需求的 BMS 产品是否能够顺利交货的关键。由于不同企业生产方式不同，在计算生产能力时，一般可以采用单位时间内的投入和产出量来表达。

当接到 BMS 需求订单时，企业需根据自身的特点和其他状况选择投入量或产出量作为生产能力的评价标准。若客户需求的 BMS 产品比较成熟，则可以用单位时间内的产出量作为生产能力的计量单位，这种情况一般采用企业最主要、最具代表性的产品产出量作为整体的计量单位，其他产品则利用换算系统换算到代表产品：

$$K_i = \frac{t_i}{t_o} \tag{2-1}$$

式中，K_i 为第 i 项产品的转换系数；t_i 为第 i 项产品的时间定额；t_o 为产品的时间定额。

有时企业用产出量计算生产能力准确度不高，不能很好地反映生产能力，则可以用投入量作为计量单位，如总设备数、装机容量等。

在确定生产能力的计量单位后，则要考虑以下影响生产能力的六个因素。

1）产品因素。BMS 产品设计结果会对生产能力有较大的影响，如果待生产的 BMS 与现有产品越相似，那么生产方式和材料就越有可能实现标准化，从而达到更大的生产能力；若客户需求太过复杂或者对于某些性能要求过高，则会导致产品成本、周期等系列因素都升高，不利于产品量产。

2）人员因素。对于从事相类似产品制造的各类人员，其受到的培训、技能和经验都对产品潜在和实际产出有一定的影响。另外，相关人员的动机、缺勤和流动也与生产能力有着直接的联系，如节假日调休等外界因素可能严重影响产品的交货周期，容易导致产品交货被推迟甚至订单被取消。

3）设备因素。生产设施的设计、厂房大小以及为扩大规模留有空间也是影响生产能力的因素之一，包括运输成本、与市场的距离、劳动力供应、配套设施改造、可扩张空间、厂区布局等。

4）工艺因素。产品工艺设计的合理性将直接影响产品质量，如果产品质量达不到标准，就会增加产品校验和返工工作，导致产量下降。从为客户负责的角度上讲，BMS 产品生产工艺的好坏，是满足产品高质量和产品市场认可度的一项重要指标。

5）运作因素。由于存在不同设备生产能力的矛盾或者工作要求矛盾而产生的排程问题、

第 2 章　BMS 的开发及产品周期

存货储备的决策、发货的推迟、所采购的原材料部件的合意度，以及质量检验与制程控制，都对有效生产能力具有影响。如企业在某一段时间内接到很多个客户的产品需求订单，若没有优化排程或者做出取舍，很容易导致订单交期拖长、违约甚至更严重的产品供应纠纷。

6）产品标准。产品标准会对企业客户量形成一定的限制，如产品最低质量标准能够限制管理人员增加和使用生产能力的选择余地，又如污染标准会限制企业对生产能力的无限扩大等。

一般而言，BMS 属于成批加工产品，对于成熟的 BMS 产品，多采用批量加工生产方式进行。因此，BMS 产品的生产效率，将与以下几方面内容密切相关。

一方面，在 BMS 零配件供应商选择过程中，要考虑供应商对产品的投料和产出的间隔期和周期性，因为这几项内容会直接影响产品的交货。

另一方面，BMS 产品生产能力计算与生产车间、班组存在密切的关系。由于加工的零件数量多样，形状也大小各异，加上加工工艺步骤不同，在考虑所用设备产能问题的评价手段上，一般会采用设备能提供的有效加工时间（机时）来计算。在此基础上，根据车间班组的数量，将分别配备一定数量、统一规格的设备，由于性能与能力不一定相同，一般以单台设备的产能作为最小单元计算，再进行整合统计。然后再通过产品或者零部件配套数（如 BMS 的 PCB 数量）来评价车间产量，最终确定企业产能。

生产能力的确定，决定了产品的输出量、供应周期等情况，是面向客户需求以及企业获利的一项至关重要的工作，经过此项工作的评估，后续的工作方可开展。

2. 配件采购

在确认生产能力的基础上，可以根据 BMS 所涉及的元器件及材料情况制定 BOM 表，对产品所涉及的零部件进行采购。

3. 制造工艺制定

在进行 BMS 零配件采购的同时，需制定产品生产工艺流程，以保证产品能有序、顺利地生产以及物料能不间断地供应，实现生产效率的保障。典型的 BMS 产品工艺流程如图 2-11 所示，包括以下五个步骤。

1）贴片。此步骤主要完成将 BMS 电路板的电子元器件焊接于 PCB 上，首先根据设计完成的 BOM 表以及外包加工好的 PCB，对 PCB 进行清洁，贴上标签以方便识别，并采用刮刀将锡膏刮涂于锡膏印刷面上；其次通过 SPI（锡膏检测设备）检测锡膏印刷效果；最后通过回流焊将 BMS 相关的电子元器件连接于 PCB 上，利用 AOI（自动光学检测设备）检测贴片效果。

2）插件。插件目的在于将插件物料进行引脚的加工，插装在 PCB 上。第一，将已贴片好的 PCB 进行分板（为提高 PCB 制造效率，前期是根据设计尺寸和所需物料做成一套由多个相同电路组成的大 PCB，再通过分板机进行分板）；第二，将各个已分好的 PCB 固定在焊接装置中，将插件物料安装在 PCB 上；第三，通过炉冶具加热，利用液体锡进行过波峰焊接，待冷却后将 PCB 从焊接装置中取出；第四，将焊接好的 PCB 中引脚过长的部分进行剪脚，再使用电烙铁对元器件进行执锡，以弥补部分元器件自动焊接不完全的部分；最后，对 PCB 进行清洗、外观检查和通过 ICT（在线测试设备）测试，检测 PCB 产品的各种缺陷，如短路、断路、缺件、错件等问题。

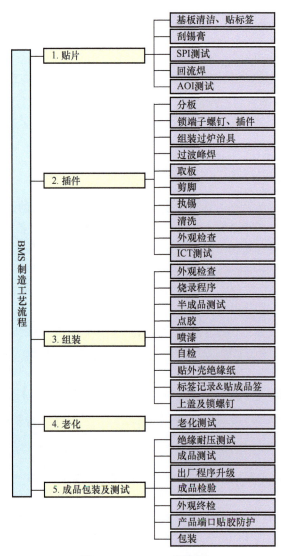

图 2-11 BMS 工艺流程

3）组装。该步骤目的在于将已制造好的 PCB 的外壳、相关附件进行安装。其流程包括 PCB 外观检查、BMS 程序的烧录、半成品功能测试、点胶固定、自检及外壳绝缘防护、扫描主板标签及贴成品标签并上盖及锁螺钉等环节。

4）老化。生产出来的 BMS 产品，一般要通过 24h 以上的高温老化测试，以验证 PCB 在高温条件下的使用情况。

5）成品包装及测试。在 PCB 通过老化测试之后，要对产品进行完整包装。这个过程包括：PCB 绝缘阻抗、耐压的测试；成品功能及疲劳测试；出厂程序升级、成品检验、终检外观；美纹贴胶防护以及产品外包装。

第 2 章　BMS 的开发及产品周期

4. 流水线生产

在确定 BMS 产品的工艺流程之后，须根据工艺步骤，开展流水线生产，以将产品制造成型。

5. 质检及出厂

当 BMS 产品成型后，还需在产品出货前做一次整体的质量检测，即成品质量控制（FQC），确保产品符合客户要求后才可出厂销售。质检过程需要根据 FQC 检查指导书进行，其操作步骤包括：

1）严格分清待检产品、合格产品、问题产品的摆放位置。

2）参照 BMS 功能检测指导书，对成品板进行功能检测，若功能无异，则进入步骤 3），否则视为不合格产品，进入步骤 5）。

3）参照 BMS 硬件图样，确认产品与图样之间尺寸问题，并做好记录。

4）检测合格产品并进行标记。

5）对不合格产品按问题分类，分清摆放位置。

6）对合格产品送 FQA（工厂质量保证）抽检，合格则可以包装出厂，如有不合格则退回原操作返工。

7）检完后记录检查报表，注意要将问题产品进行分类记录。

2.4.2　BMS 的销售与维护

产品销售与维护是 BMS 产品生命周期的后续流程，主要包括产品销售及服务和回收及处理两个环节。

1. 产品销售及服务

BMS 的销售分为两类：①具备特殊要求的产品，这类产品一般是针对特定用户的需求而制造，因此在产品制造前会先与用户确定产品的规格、功能及相关参数，并根据双方的情况确定产品交期，由用户定下制造协议并开展产品设计及生产，最终交给用户。由于此类产品有一定的针对性，一般根据用户需求量对用料进行控制，不会预留太多余量，同时成本较高、供应周期较长，产品的推广也会受到一定的制约。②通用型的产品，相比特殊要求产品，这类的设计、生产工艺相对成熟，并且在配件方面也有比较稳定的渠道，所以在成本和供应周期方面比较好把控。对于此类产品，BMS 生产企业一般都保留有多套方案，以方便在满足客户需求的情况下能快速下单制造。但由于其功能相对简单，所采用的技术相对成熟，若在现有功能进行拓展则需要进行二次开发或者升级产品版本，后续开发的成本会增加。

BMS 产品的服务，大致分为三类：① BMS 产品的维修，针对产品在使用过程出现的问题，由维护人员开展相应的产品维护或更换；② BMS 产品升级，根据企业对产品的优化情况，或者客户的需求，对产品进行软硬件升级或者功能拓展；③ BMS 产品远程数据导出及分析，随着大数据技术的发展，目前多数 BMS 产品具备远程信息传输的功能，根据产品功能及配置不同，其传输的信息内容也呈现不同的特性。对于客户而言，在某些情况下需对 BMS 远程数据进行分析或者参考，BMS 企业则应配合导出相应的数据。

在进行 BMS 产品销售和服务的过程中，企业还应总结产品的优劣势，整理产品各部分有待完善的地方，编辑潜在失效模式及后果分析（PFMEA）文档，为产品的优化和后续功能拓展提供依据。

就分析阶段而言，与 DFMEA 不同，PFMEA 针对产品在使用过程可能出现的失效和影响进行分析。但从分析内容而言，其格式与 DFMEA 又有相同的地方，如图 2-12 所示，PFMEA 分为五个部分：结构分析、功能分析、失效分析、风险评估及改进措施，但 PFMEA 侧重于产品或者系统的总体分析和评估。根据用户的使用情况，阶段性地记录产品出现或者潜在的问题，并提出问题出现的检测方法和预防、处理措施，可为产品的后期制造和问题预防提供参考。

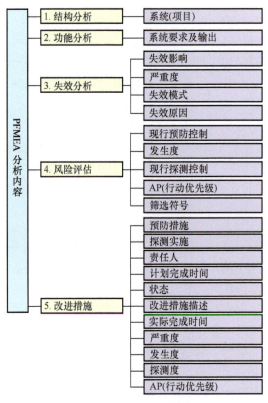

图 2-12　PFMEA 分析内容

2. 产品回收及处理

为了规范 BMS 产品的回收处理活动，促进资源综合利用和循环经济发展，保护生态环境，BMS 企业应当参考国务院 2019 年颁布的《废弃电器电子产品回收处理管理条例》（下称条例），对废弃的 BMS 产品开展回收处理工作。

根据条例规定，BMS 产品生产企业在获得废弃电器电子产品处理资格的前提下，可以开展

BMS废弃产品回收工作，但必须在其营业场所显著位置标注"废弃电器电子产品回收处理"等提示性信息。

回收的BMS产品，一般可分为两类：①产品存在一定的损坏，但经过修复后可继续使用，对于这类产品，BMS企业可以进行修复及翻新，但必须符合保障人体健康和人身、财产安全等国家技术规范的强制要求，并标识为旧货方可进行销售。②产品已经存在一定的老化或者达到废弃标准，在保障人身安全和生态环境的前提下，可以将其进行拆解，从中提取物质作为原材料，或者供新技术、新工艺、新设备的研发、测试应用。

第3章　BMS 硬件设计

在 BMS 开发流程中，软硬件设计是最核心的工作，其中硬件设计涉及 BMS 应用有效性、实物结构合理性、使用可靠性、连接可行性等要求，本章将介绍 BMS 硬件的总体方案设计、主要模块设计，并讨论各硬件模块的测试验证方法。

3.1 硬件总体方案设计

作为 BMS 开发流程的一项子任务，开展 BMS 硬件设计前期，必须根据实际情况和设计需求确定 BMS 的硬件总体方案，以指导后续硬件设计各环节相关注意事项，一般的 BMS 硬件总体方案设计流程如图 3-1 所示。

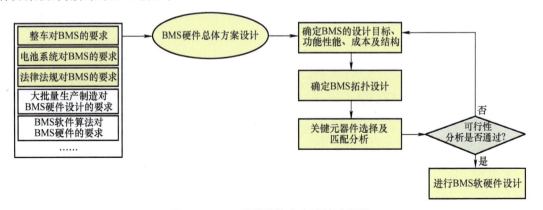

图 3-1　BMS 硬件总体方案设计流程图

BMS 硬件总体方案设计，主要受三个方面的制约：其一，整车对 BMS 的要求，考虑整车层面对 BMS 的功能及性能需求，硬件系统必须满足整车的特定功能而进行专门的设计；其二，电池系统对 BMS 的要求，由于电池包生产厂商在生产制造时，其电池管理相关硬件存在一定的差异（例如，电流采集传感器、继电器控制数量、温度采集数量、电池模组排布跳线等），因此 BMS 必须满足这种差异而制定相应的方案；其三，法律法规对 BMS 的要求，任何一项 BMS 产品能正常地投入市场，必须受法律法规对其相关制约，否则该产品无法获得客户认可。

在上述制约问题解决之后，则考虑 BMS 软件算法、大批量制造下对元器件运行速度、硬件成本等因素，确定 BMS 的设计目标、功能性能、成本及结构，再根据整车需求确定 BMS 拓

第3章　BMS硬件设计

扑模型，进而对关键元器件进行选择和匹配分析，判断其可行性并进行优化，最终确定总体硬件方案。

在BMS总体方案确定过程中，需要输出产品技术需求分析表，其目的在于指导总体设计的内容和对客户提供产品相关参数信息，该表已在第2章举例说明，可参见表2-6。

基于产品技术需求分析表，可导入对BMS硬件的总体需求，而对于BMS各个元器件单元的设计要求，则需要通过以下三方面的考虑：首先，需考虑整车电气边界，对可能的潜电路路径进行分析和对关键电路开展最坏情况分析，使得硬件设计更加合理和规范；其次，为满足安全性与可靠性要求，硬件设置还要具备必要的故障诊断功能；最后，在满足各项功能要求的前提下，尽量降低成本，以满足量产、盈利的目的。

3.2　电源系统输出及保护设计

在确定硬件总体设计后，首先是面向电源系统，即电池系统及相关的电源输出配置设备，开展BMS的硬件接口及控制设计，主要包括两方面的工作：①电源分配单元（PDU）设计；②保护设计。以下将对这两方面细节进行说明。

3.2.1　电源分配单元（PDU）设计

BMS不是单纯地实现单体电池的安全监控，还要将电池系统与整车用电需求进行合理的结合，实现对各零部件所需电源的控制、分配及防护。因此，电源分配单元（PDU）的设计是BMS硬件设计的重要任务之一，将为后续其他硬件电路的设计提供电源供应保障及指导性要求。PDU设计过程，首要制定PDU设计流程图，再根据其流程图，确定配电原则、选择合适的高压电器元件，最终确定PDU结构。PDU设计的一般流程如图3-2所示。

在对PDU进行设计时，需要编制PDU设计需求分析表（见表3-1）。其内容包括九个方面：①使用环境、②电流采集、③快充管理、④慢充管理、⑤加热管理、⑥预充电管理、⑦设计尺寸、⑧其他辅助需求、⑨法规要求。

完成PDU设计的需求分析后，将制定PDU的具体设计要求，主要包括以下几项：

1）考虑电池使用安全，必须具备熔断器或者MSD⊖，实现短路保护。

2）确保在动力电池功率回路中串联2个或2个以上的接触器，以提升控制安全性，预防单一接触器失效风险。

3）元器件及线束设计过程务必确保布局布线整齐美观，注意高低压线束要分开包扎。

4）为预防电磁干扰，通信线应远离动力母线。

5）考虑高压电气负载匹配，接触器等关键元器件选型应预留足够的空间。

6）高压电气间隙及爬电距离须符合标准要求。

⊖ MSD（手动维修开关），是在进行高压检修时，为确保安全，通过手动方式将高压系统的主电源断开的装置。

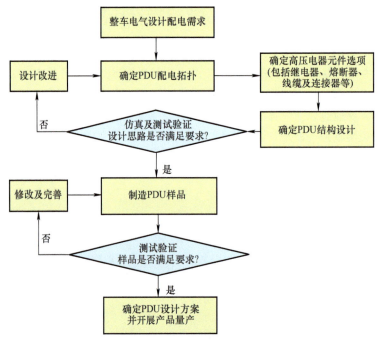

图 3-2 PDU 设计流程图

表 3-1 PDU 设计需求分析表

序号	需求	分析说明	备注
1	使用环境	海拔、母线电压、母线电流、工作温度等	
2	电流采集	电池系统组成方式有：单支路、双支路、多支路。建议双支路以上应用时，每一支路电流独立检测	
3	快充管理	快充回路的正端和负端分别设置继电器控制以及充电插座温度采集	
4	慢充管理	慢充需要配置电子锁控制，16A 以上充电电流还需要配置充电插座温度采集	
5	加热管理	管理方式包括：行车加热、充电加热或者水泵控制。根据需求增减继电器数量	
6	预充电管理	根据整车电气确定，部分车型的预充电功能由整车多合一控制器集成	
7	设计尺寸	根据整车要求设定，乘用车集成在电池包中，商用客车独立设置高压箱	
8	其他辅助需求	根据车型所配置零部件的具体情况确定，如 DC-DC 变换器、空调、电机控制器等	
9	法规要求	安全法规、电气间隙标准、安全维修准则等	

注：本表内容由东莞钜威动力技术有限公司提供。

基于以上要求，在 PDU 设计过程中，要先确定 PDU 分布，如图 3-3 所示。一般包括两个部分：第一，高压部分，由动力电池组的总正极、总负极输入，经过继电器开关和熔丝、预充电电路等实现电源通断控制及保护的元器件，再输出给整车高压用电器（如电机系统、DC-DC 变换器、空调等）；第二，低压部分，由蓄电池（12V 或者 24V）的输入，经过一系列熔丝及低压继电器等元器件，再分别输出给整车各个低压用电器（如高压继电器控制端、整车控制器、仪表、多媒体系统等）。

第 3 章　BMS 硬件设计

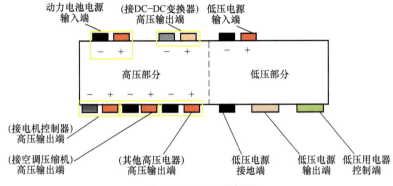

图 3-3　PDU 分布图

新能源汽车各用电器若存在储能电路（如电机控制器），在动力电池电源上电的瞬间可能产生较大的电流，这将影响与主电源连接的相关设备（如电机控制器、DC-DC 变换器、空调等）的正常使用，甚至令这些设备元器件受损。因此，PDU 中需要设计专门的电路，对电源输出控制端进行预充电控制，称为缓步启动电路（简称"缓启电路"）。

缓启电路的主要设计思路是，采用能承受较大功率的限流电阻以限制电源启动瞬间的电流；待各用电器内部储能电路的容性元件都被充满后，再打开主电路，使得电池系统输出电流符合各元器件的使用要求，避免对用电器的冲击。理论上，在缓启过程中，电流关于接通时间 t 变化的函数规律 $i(t)$ 与输入电池组电压 U_S 可采用下式进行近似：

$$i(t) = C\frac{dU_C(t)}{dt} = \frac{U_S}{R}e^{-\frac{t}{\tau}} \tag{3-1}$$

式中，C 为用电器内部电容；R 为用电器等效电阻；t 为用电器接通时间，$t=0$ 表示电源刚刚接通的瞬间；U_S 为高压电源额定电压；时间常数 $\tau=RC$；U_C 为用电器等效电容两端的电压，也是关于 t 的函数。

根据式（3-1），首先，对 C 进行标定，并计算限流电阻 R 的大小，根据 R 的值选择合适的限流电阻；然后，通过测试验证在该限流电阻作用下，瞬间电流被限制在用电器的可接受电流范围内；最后，开展用电器电容充电测试，获得用电器电容充满电的时间（即"缓启时间"），由此确定缓启电路的控制流程（见图 3-4）。

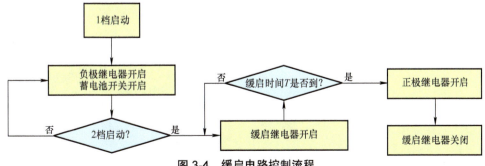

图 3-4　缓启电路控制流程

缓启电路开启的基本流程，基本遵循先打开负极继电器，再打开缓启继电器，然后打开正极继电器，最后关闭缓启继电器的原则。

具体的缓启电路如图 3-5 所示，包括以下五个部分。

1）动力电池组正负极继电器：用于控制动力电池组电流通断，为保证系统控制过程的可靠性，在电源的正负极必须各配一个继电器。

2）缓启继电器：是缓启电路的主要元器件，主要用于控制启动瞬间的电流输出；由于使用过程所通过的电流较小，因此缓启继电器在通过电流上选型比正负极继电器要小。

3）限流电阻：是缓启电路的主要元器件，用于限制电流；限流电阻的选型必须经过计算及实际测试获得，不可随意选择，作者在前期的研究过程中，获得了用电器等效电容与缓启时间、电流之间的关系模型，为限流电阻的选择提供了一套计算方法。

4）熔丝：是动力电池组的安全保护元件，当电流过大或者系统短路时，能够迅速熔断以切断动力电池组主回路，从而保障在紧急情况下正负极输出端无电流、电压。

5）分流器：用于测量动力电池组回路电流，是 BMS 信息采集的主要元器件之一。

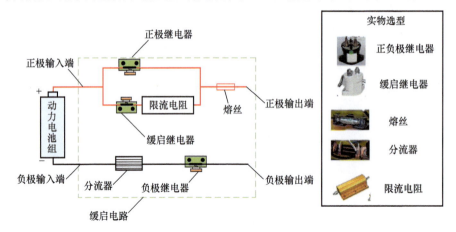

图 3-5 典型的缓启电路图

根据图 3-5，典型的缓启电路实物如图 3-6 所示。

3.2.2 保护设计

BMS 的保护设计，是根据动力电池系统正常使用下各项参数的安全极限，利用软硬件相结合的方法设置系统运行限制策略，是动力电池系统安全至关重要的一环，其设计流程如图 3-7 所示。首先，根据系统配置和使用对象特性或者从总体方

图 3-6 某电动汽车缓启电路实物图

注：图片由东莞钜威动力技术有限公司提供。

第3章 BMS 硬件设计

案设计需求中提取，确定系统保护技术要求；然后，设计需求分析，确定安全目标；最后，开展方案的详细设计、优化、测试等工作，最终完成整个保护设计。本节将侧重于对 BMS 保护电路的硬件设计进行介绍。

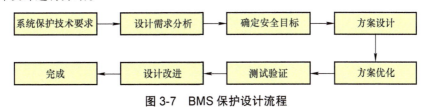

图 3-7　BMS 保护设计流程

传统的 BMS，需要具备以下几方面的保护内容：①电压保护；②电流保护；③温度保护；④软件系统崩溃或故障保护（Crash 保护）；⑤高压互锁保护（HVIL 保护）；⑥漏电保护。各类保护的设计需求见表 3-2。

表 3-2　BMS 保护设计需求

序号	保护功能描述	失效模式	对电池系统的影响	对汽车的影响
1	电压保护	失去电压保护	电池过电压	汽车起火
		过电压保护误触发	电池不能输出能量	汽车失去动力
		过电压保护触发太慢	电池过电压	汽车起火
		过电压保护触发太快	电池不能输出能量	汽车失去动力
2	电流保护	失去电流保护	电池过电流	汽车起火
		过电流保护误触发	电池不能输出能量	汽车失去动力
		过电流保护触发太慢	电池过电流	汽车起火
		过电流保护触发太快	电池不能输出能量	汽车失去动力
3	温度保护	失去过温保护	电池过温	汽车起火
		过温保护误触发	电池不能输出能量	汽车失去动力
		过温保护触发太慢	电池过温	汽车起火
		过温保护触发太快	电池不能输出能量	汽车失去动力
4	Crash 保护	失去 Crash 保护	电池不能断开	汽车高压不能断开
		Crash 保护动作太慢	电池断开太慢	汽车高压不能断开
		Crash 保护误触发	电池不能输出能量	汽车失去动力
5	HVIL 保护	失去 HVIL 保护	电池不能断开	汽车高压不能断开
		HVIL 保护动作太慢	电池断开太慢	汽车高压不能断开
		HVIL 保护误触发	电池不能输出能量	汽车失去动力
6	绝缘检测保护（漏电保护）	失去漏电保护	电池不能断开	汽车高压不能断开
		漏电保护动作太慢	电池断开太慢	汽车高压不能断开
		漏电保护误触发	电池不能输出能量	汽车失去动力

注：本表内容由东莞钜威动力技术有限公司提供。

考虑故障程度的不同，BMS 对电池系统进行保护时，通常会根据故障情况而采取不同程度的保护措施，常见的故障分级及保护内容见表 3-3。

表 3-3 BMS 安全保护分级表

故障等级	保护内容
一级故障	轻微故障，报警，上报故障，按照 BMS 定义的保护参数处理措施来处理
二级故障	一般故障，BMS 请求降放电功率或降充电电流（具体降功率降电流以保护参数处理措施为准）
三级故障	严重故障，若处于放电状态，当前允许放电电流限制为 0，并持续发送故障等级给整车，并要求下电，收到下电指令 BMS 延迟 2s 切断负极继电器，若到 30s 时整车还无响应，BMS 自行切断；若处于充电状态，请求停止充电；若无特殊注明，故障产生后，需系统重启恢复
故障优先级说明	BMS 优先级：三级 > 二级 > 一级 整车优先级：三级报警 > 二级报警 > 一级报警

注：本表内容由东莞钜威动力技术有限公司提供。

除了基本保护功能的设计之外，还需参考设计失效模式及后果分析（DFMEA），注重对产品功能失效的预防。

对于传统保护设计而言，首先应考虑表 3-2 所示的几项保护功能，以电压保护和绝缘检测保护为例，说明电池功能保护的硬件设计方法。

1. 电压保护

由于电池系统是由多个单体电池通过串并联的形式组合而成，单个电池过充或过放都会影响到系统安全，所以电压保护至少要细化到以每一串联为单位的单体电池或者并联模组上。也就是说，电压保护需要综合串联单体电压采集信息及总电压采集信息综合判断，对于更高安全目标的系统，单体电压采集模块甚至还集成了二次保护电路（如硬件比较器）。一般的 BMS 电压采集及保护设计如图 3-8 所示，利用单体电压采集模块（Active Front End，主动前端采集芯片，即 AFE）和总电压采集模块（Analog-to-Digital Converter，模拟数字转换器，即 ADC）获得单体电池电压及总电压信息，判断这些信息是否超过安全阈值（最高或者最低电压值），若超过则输出控制指令，执行相应防护措施。

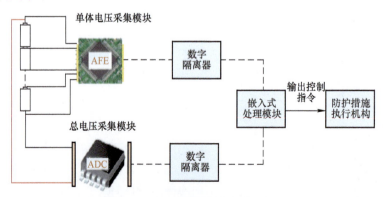

图 3-8 BMS 电压采集及保护设计

第 3 章　BMS 硬件设计

2. 绝缘检测保护

绝缘检测的目的在于检测使用过程出现漏电或者绝缘失效的状况，同时做出相应的保护措施。早期的绝缘检测多采用对整车各个金属连接位置进行电压测试，由于电气设备存在电容，会使得应用过程所采集电压出现波动、测量精度低等状况，甚至导致绝缘检测误触发的结果。目前多采用基于自适应绝缘算法以提高检测结果的准确性。

基于自适应绝缘算法的保护电路如图 3-9 所示，其工作流程如下：

1）在集成运放的采样周期内，对 U_p、U_n、U_p+U_n 分别进行采样或计算，得到 3 组分压采样值，并计算各组电压的平均采样值。

2）根据所述各组电压的平均采样值，确定分布电容 C_p 及 C_n 的充放电状态。

3）根据分布电容的充放电状态和 3 组分压采样值，确定桥臂电压的变化值，若该值超过一定范围，则认为漏电，否则为正常。

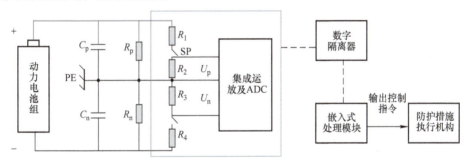

图 3-9　绝缘检测保护设计电路

3.3　拓扑设计

在完成 BMS 保护设计之后，需要根据整车的特点，确定 BMS 的拓扑结构。以下将就 BMS 拓扑选择、拓扑设计的需求分析展开说明，并进行典型案例分析。

3.3.1　拓扑选择

根据整车底盘的设计要求，一般的电池系统配置具备如下规律：商用车一般采用 3 箱以上的电池箱（典型为 4~8 箱），小型物流车等专用车采用的电池箱个数则一般不多于 2 箱，而乘用车典型为单个电池箱结构。因此，电池系统拓扑结构通常可以根据电池箱数量的不同来进行选择：当电池箱数量≥3 时，选用总线式拓扑，典型的配置为 1 个 BCU 配置多个 BMC；当电池箱数量≤2 时，从性价比角度考虑，可选用主从式拓扑结构，即 1 个半集中式的 BMS 再加上 1 个 BMC。对于单箱电池，除了上述 2 种方式，还可以选用一体机拓扑结构。由于无线式 BMS 不用考虑布线上的问题，其信息采集的内容也不受限于系统串联模块或者电池模组，甚至还可以实现单个电芯的信息采集，对电池系统监测的颗粒度可以进一步细化，因此并不受电池箱数量的制约，但是无线式拓扑更需注重的是通信过程面临的干扰、数据稳定性以及网络安全问题。

综上所述，BMS 的拓扑选择可参考表 3-4。

表 3-4　BMS 拓扑选择示例

电池箱数量	总线式拓扑	主从式拓扑	一体机拓扑	无线式拓扑
≥3	√			√
2		√		√
1	√	√	√	√

3.3.2　拓扑设计需求分析及设计要求

虽然电池箱数量是判断拓扑结构选择的主要方法，但是在设计细节上，仍要考虑影响 BMS 性能发挥的诸多因素。所以在分析 BMS 拓扑结构时，要从以下 7 个方面展开拓扑设计需求分析：①使用环境；②电池线路连接；③电池箱数量；④BMS 成本；⑤安装体积；⑥法规要求；⑦其他要求。为明确各项需求的分析内容，可通过编制拓扑设计需求分析表进行说明，见表 3-5。

表 3-5　BMS 拓扑设计需求分析样表

序号	需求	分析说明	备注
1	使用环境	海拔、母线电压、母线电流、工作温度、高低压电子零部件装配位置等	
2	电池线路连接	电池系统组成方式有：单支路、双支路、多支路。双支路以上选择总线式拓扑或无线式拓扑	
3	电池箱数量	车型差异，乘用车一般为单箱电池；专用车电池箱数≤2；商用客车电池箱数≥3。单箱可选 4 种拓扑；2 箱可选 3 种拓扑；3 箱及以上选择总线式拓扑或无线式拓扑	
4	BMS 成本	一般 BMS 自身成本比较，总线式＞主从式＞一体机（无线式要视电池监测颗粒度的细化程度而定成本，若监测到单体电芯，则成本最高；若与其他系统监测细化程度相同，则成本较低）。但需考虑系统成本，包括线束成本和售后成本等，其中无线式 BMS 在线束成本上最少	
5	安装体积	根据电池结构设计要求设定，一体机安装最为紧凑，主从式次之；无线式最为灵活，总线式其次	
6	法规要求	安规、电气间隙、安全维修等	
7	其他要求		

注：本表内容由东莞钜威动力技术有限公司提供。

从电安全和数据稳定性的角度上讲，BMS 拓扑结构设计还需满足以下 8 项要求：

1）为确保高低压隔离，做好绝缘耐压防护设计。

2）电压、温度、电流等信号采集线必须设置熔断器，避免线束短路；信号采集模块必须具备 MSD 设计结构。

3）若负责系统通信连接的共用通路母线（BUSBAR）过长，会影响各个设备之间的数据采集，甚至造成通信不良，要合理地设置跳线位。

第3章 BMS硬件设计

4）不管是哪种拓扑结构，电池箱及其连接线要有明显的强弱电及安全警示，避免触电风险。

5）参考PDU功能，电池系统应具备预充回路，避免上下电瞬间冲击造成用电器损坏。

6）总压采集和绝缘采集应设置串联开关，确保在上电前电池箱的高压接口的残存电压<10V。

7）电源接口，特别是涉及正负极连接的位置要具备防呆设计，避免错接线而导致产品损坏。

8）考虑电磁干扰，拓扑连接要满足汽车电子行业环境可靠性及EMC测试标准要求；对于无线式BMS，还需考虑车上电池系统的位置和空间对通信可靠性的影响。

3.3.3 四种典型拓扑设计的案例

以下将针对四种典型拓扑结构的电路设计及案例展开说明。

1. 总线式拓扑

以某整车上的总线式拓扑BMS为例，其电路原理图如图3-10所示。该BMS由主控BCU和若干个BMC组成。主控BCU硬件主要功能包括：继电器驱动、电流采集、总电压采集、充电通信、整车通信、高压互锁、碰撞及绝缘检测采集等。BMC则实现对一定数量的单体电池电压及温度等信息进行采集，并控制电池均衡，各个BMC之间，以及与BCU之间通过内网通信（可选CAN总线或者菊花链通信）。一般地，单箱电池包可采用菊花链通信组网，多个电池箱则采用CAN总线组网，这样方便系统分级管理，同时安装方式也相对灵活。

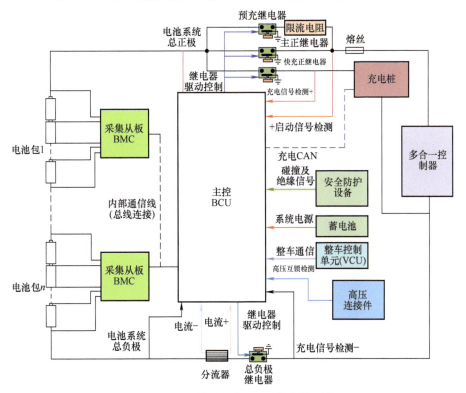

图3-10 总线式拓扑BMS电路原理图

电池管理系统（BMS）设计与制造技术

以某中巴车为例，总线式 BMS 在整车上的布局，如图 3-11 所示。系统采用总线式（分布式）BMC 的方式，将 BMC 配置于各个电池箱上，并最后通过总线与主控 BCU 进行连接。

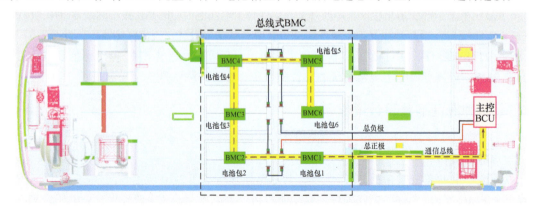

图 3-11　某中巴车总线式 BMS 布局图

2. 主从式拓扑

以某整车上的主从式拓扑 BMS 为例，其电路原理图如图 3-12 所示。主从式拓扑常见于 2 箱电池配置（前箱+后箱），包括 1 个半集中式 BMS（集成从控采集功能，一般放置在前箱）和 1 个 BMC（采集从板，一般放置在后箱）。相较于典型的总线式拓扑，主从式拓扑具有更好的成本优势，适用于对成本敏感的车型。

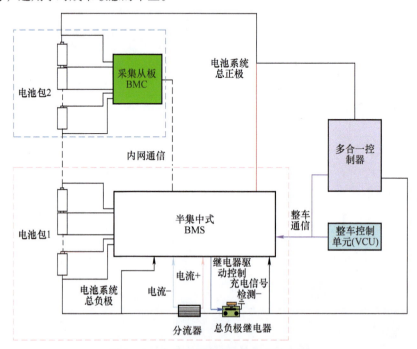

图 3-12　主从式拓扑 BMS 电路原理图

第 3 章 BMS 硬件设计

以某物流车为例,主从式 BMS 在整车上的布局如图 3-13 所示,分为主从两大电池箱体,从箱体配备采集从板 BMC,连接主箱体的集中式 BMS。集中式 BMS 负责对整套电池系统进行监控,并与整车控制器、配电系统进行通信、分析及执行相应指令。

3. 一体机拓扑

一体机拓扑电路原理图如图 3-14 所示。与总线式拓扑结构相比,各个采集模块实现 BMC 的单体信息采集(电压及温度);嵌入式处理模块则实现 BCU 功能。一体机拓扑通常用于电压在 400V 及以下的电池系统,该 BMS 硬件成本最低,相对其他拓扑,该安装方式比较紧凑。但由于单个 BMS 要连接多个单体电池实现信息采集,采用这种拓扑的 BMS 线束较为繁杂。

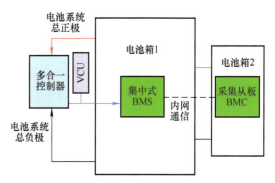

图 3-13 主从式拓扑 BMS 布局示例

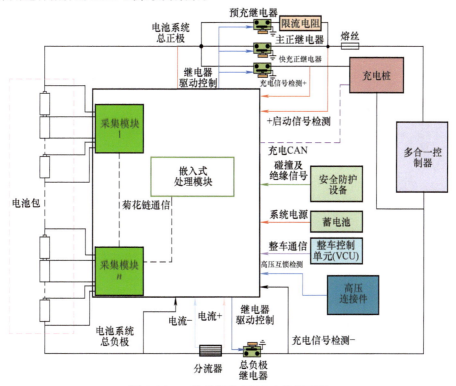

图 3-14 一体机拓扑 BMS 电路原理图

以某台配备单箱 48 串动力电池的车型为例,该电池系统对应的一体机拓扑结构 BMS 如图 3-15 所示。相比其他拓扑结构,一体机 BMS 的元器件较少,在整车中所占空间也较小,但由于管理模式相对集中,一般会将 BMS 置于电池系统的中间。受检测线束的影响,其安装和

电池管理系统（BMS）设计与制造技术

布线步骤较为复杂，需要参考 GB 18384—2020《电动汽车安全要求》的要求制定线束布置规范及安装工艺，流程相对繁琐一些。

4. 无线式拓扑

某款无线式拓扑电路原理图如图 3-16 所示。该 BMS 由若干个从控模块及一个嵌入式主控处理模块组成，从控模块负责对若干电池所组成的模组进行温度、电压等信息的采集，并实现模组内阻、一致性、热效应、均衡等功能；从控模块与嵌入式主控处理模块之间通过 2.4GHz 无线通信连接，可实现各电池模块的信息与主控模块之间的沟通；主控处理模块则负责处理从控系统信息，并将处理结果反馈给 VCU，同时实现对整个电池系统各项功能的控制。无线式拓扑目前被应用于具备数据精细化管理要求的电池系统，通常会与电池系统远程数据监控中心建立联系，该 BMS 在硬件连接架构上比较简单，但相对其他拓扑，对自适应、抗干扰的技术要求比较高。

图 3-15　某 48 串一体机拓扑结构 BMS 电路实物图

注：图片由东莞钜威动力技术有限公司提供。

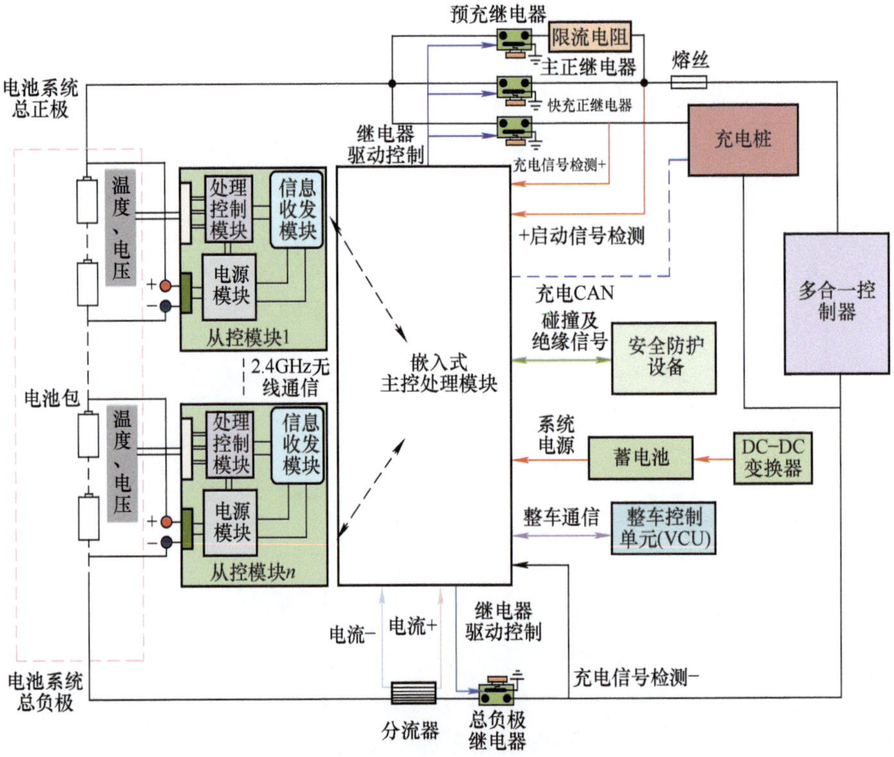

图 3-16　无线式拓扑 BMS 电路原理图

3.4 BCU、BMC 及均衡电路的设计

在完成了硬件总体方案设计、PDU 设计、拓扑选择等环节之后，可以针对 BMS 的主要功能开展硬件设计，本节将聚焦于 BMS 硬件系统中最重要的几个硬件电路模块的设计，主要包括：①电池系统控制单元（BCU）、②电池监控回路（BMC）、③均衡电路、④通信模块等。

3.4.1 BCU 设计需求分析

在开展 BCU 设计前期，设计者往往会思考以下几个问题：要如何设计好 BCU？BCU 能完成哪些功能？设计出来的系统是否能够满足产品的需求？

针对上述问题，很多设计者首先会考虑参考已有的系统或者照搬已有的技术，事实上，这并不是有效、合理的 BCU 设计手段。一款有效的 BCU 必须与电池系统本身的特性（如电池类型选择、电池串并联组合模型、系统输出功率等）、应用环境、产品要求等因素相吻合。所以在开展 BCU 设计前，须先了解所控制的电池对象、要实现的控制功能、BCU 的应用环境、安全性的保证以及符合相关的应用条件等因素，这样才能为后续产品设计与开发定下基本的目标和设计参考。因此，进行 BCU 设计时首先要进行需求分析，相关的设计需求分析表可参见表 3-6。

表 3-6 BCU 设计需求分析表

1. 基本信息						
项目名称：××项目			零件/总成：电池管理系统		编辑：	
电池管理系统（BMS）：			零件号（BCU）：		更新时间：	
2. 技术需求评估						
序号	需求类别	相关内容	详细需求描述		是否符合	备注
1	功能需求类	信息采集功能	总电压、电流、温度、供电电压的检测范围、精度、巡检周期和通道数目			
2		SoX 估算	SoC、SoH、SoE、SoP 等			
3		充电管理	快充、慢充等			
4		电池保护	保护阈值、保护策略等			
5		热管理	加热及冷却等			
6		绝缘监测	绝缘电阻检测范围、精度及策略等			
7		高压环路互锁	高压互锁检测范围、精度、巡检周期和通道数目等			
8		碰撞探测	碰撞信号检测方式、精度、巡检周期和通道数目等			
9		继电器控制与诊断	继电器控制路数、电流大小、电压大小、诊断等			
10		CAN 通信	CAN 通信速率、报文周期和通道数目；CAN 质量、网络管理功能要求			
11		历史数据存储	历史数据存储方式、周期、格式等			

(续)

序号	需求类别	相关内容	详细需求描述	是否符合	备注
12	环境可靠性类	耐高温性能			
13		耐低温性能			
14		耐振动性能			
15		耐盐雾性能			
16	电气安全类	工作海拔			
17		绝缘耐压			
18		绝缘电阻			
19		欠电压运行			
20		过电压运行			
21		反向电压			
22	EMC 类	辐射发射			
23		传导发射			
24		静电放电			
25		大电流注入			
26		电波暗室			
27	法律法规类	阻燃等级			
28		禁用物质			

注：本表内容由东莞钜威动力技术有限公司提供；本表还可根据实际情况增加不同内容。

参考表 3-6，在进行 BCU 的硬件需求分析时，应从功能需求、环境可靠性、电气安全、EMC、法律法规等方面进行综合考虑，并对以上要求按内容和参数进行详细的描述，如功能需求必须具备信息采集功能，而信息则涉及电池电压、温度、使用电流等技术参数，同时还涉及各部分信息的检测精度等，因此在以上要求的基础上对各项技术参数进行分析，判断采用哪种硬件结构，涉及的成本会达到多少，如何进行优化设计才利于产品制造的把握和控制。

基于 BCU 设计需求分析表，下一步将对 BCU 设计要求进行分析。从某种意义上说，这个"分析"的过程实际上就是一个"填表"的过程。这个过程涉及产品的规范性、功能性的内容，具体包括以下三个方面的要求。

1. 符合行业标准要求

随着新能源汽车技术的发展，其行业标准也逐渐完善，目前被广泛采用的 BMS 相关功能性行业标准包括 QC/T 897—2011《电动汽车用电池管理系统技术条件》、GB 18384—2020《电动汽车安全要求》、GB/T 18487.1～.3《电动汽车传导充电系统》系列标准、GB/T 20234.1～.3《电动汽车传导充电用连接装置》系列标准、GB/T 27930—2015《电动汽车非车载传导式充电机与电池管理系统之间的通信协议》等。同时，为确保 BMS 能正常使用，还需满足通用环境可靠性以及 EMC 相关测试标准，如 ISO 7637《道路车辆-由传导和耦合引起的电骚扰》系列标准、ISO 16750《道路车辆-电气及电子设备的环境条件和试验》系列标准、GB/T 18655—2018《车辆、船和内燃机 无线电骚扰特性 用于保护车载接收机的限值和测量方法》等。

第 3 章 BMS 硬件设计

2. 满足多层次的应用要求

值得注意的是，BMS 不单纯是为了保护电池，同时还要充分地发挥电池的能力。如图 3-17 所示，BCU 的开发要结合管理系统本身、动力电池及其系统、整车性能等方面的要求，与 BMS 硬件整体设计相配合。

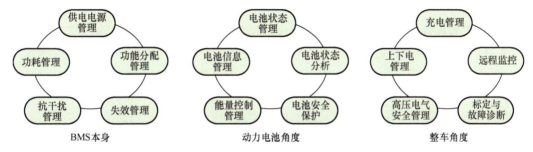

图 3-17　BMS 整体设计涉及的范围

第一，就 BMS 本身而言，所需的要求包括：①系统供电与能源优化分配管理，如 PDU 设置、系统安全防护的控制、各用电器熔丝的选型等；②系统功耗管理，如不同电压等级下芯片的选型、不同能量状态下系统的硬件切换、不同控制模式的系统管理等；③功能分配管理，如不同用电器控制支路的硬件设计、系统热管理或者冷却措施的硬件控制等；④系统失效管理，如接触器切换电路设计、硬件应急隔离控制等；⑤抗干扰管理，如 BMS 电磁干扰硬件隔离、外盒屏蔽防护、屏蔽线材选型等。

第二，从动力电池角度来看，则需要考虑以下几方面的要求：①电池状态的分析与管理，如单体电压、电池系统内部及外界温度、工作电流等信息的采集及在此基础上进行的一系列分析和性能评估，这些过程需要对传感器进行选型并对系统做出相应配置；②电池信息管理，如将电池状态的各种分析结果以某种形式反馈给整车控制器，再通过仪表或者存储设备进行反映，那么硬件配置上要求对信息传输接口、存储形式、数据表现方式等内容进行定义；③能量控制管理，由于在电池系统的不同使用阶段，采取一定的优化措施可以提升系统的应用效果（如充电过程对充电电流的调整），这些措施要求对电容、电阻、MOSFET 等元器件进行优化选择及电路设计，而优秀的设计方案一方面可以保障电池系统的安全，另一方面也可以提升能源利用率；④电池安全保护，这是 BMS 的首要任务，通过电池状态分析涉及电池安全的相关参数，并采取相应的方法对系统进行安全保护，如当使用过程存在某个串联单体电池电压过低，必须通过报警、终止使用等措施进行防护，这种情况往往要求采用蜂鸣器、继电器等元器件实现。

第三，从整车的角度来看，要考虑的要求包括以下几类：①充电管理，如充电线材的选型严格要求与充电电流大小相匹配，又如充电过程的防护则要求继电器及其相关电路设计必须符合强制性的标准；②上下电管理，与 PDU 设置相关，涉及继电器、限流电阻、熔丝等元器件的电路设计；③高压电气安全管理，一般的动力电池系统都超过 36V，为做好高压短路的防护，必须从线束布置、熔丝选型等方面开展研究和设计工作，为预防高压电路对低压、通信设备造成干扰，对屏蔽线材及连接方式也要有一定的要求；④标定与故障诊断，指采用特定的方式对整车信息监测、电气连接等过程的特性参数进行标定,并确定这些参数在异常情况下的数值,为故障诊断提供判断标准,如对电流传感器、电压采集芯片等进行输出信号与测量结果关系的标定,同时定义过电流、过电压下输出信号值,作为故障诊断的依据;⑤远程监控,对于具备远程数据管理功能的 BMS,BMS 数据收发的硬件、数据传输速率的选择、信号制式等细节需要进行的详细设计。

3. 立足于系统设计,面向电池系统全生命周期的应用设计

在进行 BCU 硬件设计的同时,不仅要考虑硬件的实用性,同时需要注意所选硬件是否兼容特定的操作系统,是否能支持可扩展的软件算法、满足特定的工作环境需求。例如,对主控制单元(MCU)的选型需要判断其工作主频是否可支持实时操作系统,Flash 存储器容量是否支持刷写回滚、扩展卡尔曼滤波算法、自适应绝缘算法等。又例如,数据存储设备选型必须满足全生命周期的车载环境(湿热、振动)应用要求,通常要求是车规级的大容量 Flash 贴片器件,而一般的 SD 卡是不可靠的。

3.4.2　BCU 的具体设计

需求分析为 BCU 设计提供了参考基准,从而引导 BCU 的具体设计。BCU 硬件具体设计内容以某纯电动中巴车的 BCU 为例,其总体设计框架如图 3-18 所示。

图 3-18　某 BCU 模块设计框架

图 3-18 中,BCU 的硬件电路具体包含以下 8 个部分。

1)主控芯片,是 BCU 的核心,负责信息的处理和控制命令的发送。在 BCU 的设计过程中要充分地考虑系统计算量和功能的完整性,选择恰当的主控芯片,目前大多数采用 ARM 系列或在此基础上进行改进的 STM32 系列的芯片产品。

2)电源处理模块,主要负责将外部电源进行变压处理,从而满足主控芯片及其他处理模块供电电压等级的要求,对于车用 BCU 来说,一般需要将直流 12V 降压为 5V 或者 3.3V。

3)信息存储模块,目的是将主控芯片处理后的数据,存储在类似 ROM 或者 Flash、SD 卡等形式的外部存储器,存储的内容包括电池状态信息、时间信息等。

4)程序烧录接口,负责将 BMS 软件烧录进芯片以实现各项既定功能。

5)通信信号处理模块,负责将信号转换为主控芯片能够识别的信号。

6)A-D、D-A 处理模块,用于实现对输入、输出信号进行 A-D(模拟模式转为数字模式)或者 D-A(数字模式转为模拟模式)转换。

7)输入/输出模块,负责将各种输入/输出信号,包括电平或者脉冲信号进行处理,并转

第 3 章　BMS 硬件设计

化为主控芯片或者对外接收设备能够识别的信号。

8）对外通信接口，负责与整车控制器、电机控制器或者其他设备进行信息传输，目前通信方式包括 CAN、RS232、RS485 以及无线通信等，针对不同的通信方式，对外通信接口还需搭配相应的信号处理硬件模块。

在上述 8 个部分中，除了输入/输出模块涉及不同的输入输出信号的处理，其他模块针对不同的主控芯片都有比较成熟的解决方案。下面将针对输入信号处理模块，对电池系统总电压、电流及继电器控制等信号接收及控制的硬件设计进行介绍。

1. 电池系统总电压采集模块硬件设计

电池系统总电压采集，是 BCU 的一项重要功能。典型的总电压采集方案包括隔离运放采集方案和数字隔离通信方案（见图 3-19）。由于动力电池系统的总电压比较高，通常要采用合适的电阻分压电路将电压降低至隔离运放或者高精度 ADC 器件所能承受的输入电压。图 3-19 中的两个方案相比较而言，采用数字通信隔离方案的抗干扰能力（EMS 性能）更优。

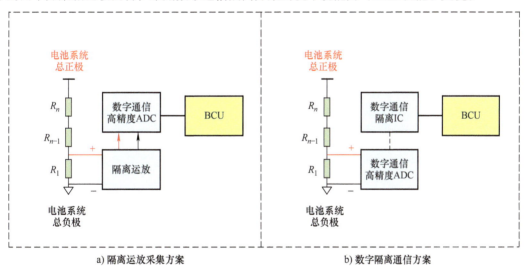

a）隔离运放采集方案　　　　　　　b）数字隔离通信方案

图 3-19　电池系统总电压采集典型方案

总电压的信号采集除了反映动力电池系统电压等级外，还可用于正负极继电器的电压采集上。如图 3-20 所示，通过比较 U_{AB} 和 U_{AC} 电压情况，可以诊断负极继电器是否存在故障；通过比较 U_{AB} 和 U_{DB} 电压情况，可以诊断正极继电器及缓启继电器是否存在故障。

2. 总电流采集模块硬件设计

针对电池系统总电流的采集，目前常用的方法有两类。

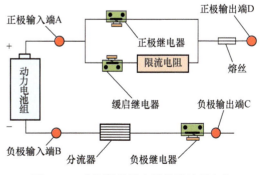

图 3-20　典型的总继电器故障诊断方案

（1）基于霍尔传感器的方法

霍尔传感器，是利用霍尔效应将通过负载的电流所产生的磁场转化为电信号，由此判断经过电流大小的一种装置（见图3-21a）。一般霍尔传感器集成了霍尔元件和放大电路，输出模拟电压信号，通过ADC模块进行数据采集（见图3-21b）。电流大小不同，霍尔传感器反馈的信号也不同，一般通过不同电流对霍尔传感器的输出值进行标定来保证采集精度。霍尔传感器的主要指标为电流的量程范围以及测量精度，在使用时需要根据具体应用场景进行选择。

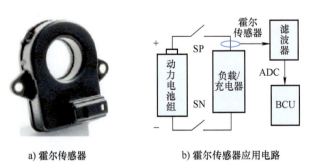

a) 霍尔传感器　　　　b) 霍尔传感器应用电路

图3-21　霍尔传感器及其应用电路

（2）基于分流器的总电流采集方法

相比霍尔传感器受电流量程范围制约，分流器（见图3-22a）的电流适用范围更加广泛，其本质是一个阻值很小的电阻r，当电流经过时会产生一个低电压U，根据欧姆定律可推算流经电流I为

$$I = \frac{U}{r} \tag{3-2}$$

在应用上，分流器的信号处理电路图如图3-22b所示。与总电压采集方案相似，具有隔离运放及数字隔离通信两种采集方案。

 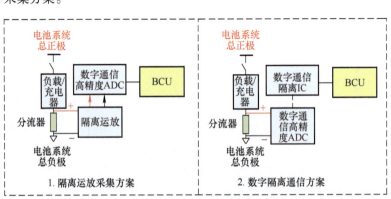

a) 分流器　　　　　　　　b) 分流器信息采集方案

图3-22　分流器样品及其采集电路方案

第3章 BMS硬件设计

3. 继电器控制模块硬件设计

继电器是BMS的常用元件，用于控制各类高低压回路的通断。如图3-23所示，常用的继电器控制原理相对简单，只需根据BCU程序分析结果，以电平的形式输出执行指令到继电器的控制端，使得控制端内部线圈形成磁场，即可吸引其用电设备连接端接触或者断开，实现低电压控制高电压、小电流控制大电流的目的。根据BCU输出有效电平的不同，可分为高电平控制（见图3-23a）和低电平控制（见图3-23b）两种形式。

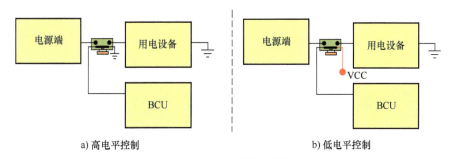

图3-23 继电器控制模型

强电继电器在工作中必须为强电系统提供稳定的电源，中途若接触失效，则可能导致系统运作出现紊乱甚至造成事故，因此必须遵循以下原则防止继电器接触失效：

1）控制逻辑正确，避免继电器功率回路不经预充电或者预充不充分甚至反复带载通断。
2）供电稳定，电源稳定的前提条件下，再操作继电器闭合与断开。
3）驱动电路稳定可靠，具备必要的故障诊断功能。
4）应避免带载大电流切断，先请求降流到安全阈值，再执行切断。

为满足上述原则，避免继电器由于非预期的动力中断而引起的失效状况，可以设置锁存功能以对继电器进行检测及控制，其流程如图3-24所示。

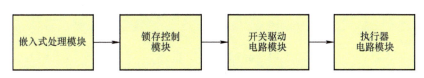

图3-24 具备锁存功能的继电器控制流程

对图3-24的说明如下：

1）嵌入式处理模块是以MCU或ARM等处理器及其嵌入式软件为核心的，其外围电路可以根据需要灵活配置，包括必要的A-D转换器、晶振、EEPROM、外部看门狗（外部监控芯片）等，这些都属于嵌入式系统的常见配置。

2）锁存控制模块是具有记忆功能的二进制存储器件。典型的锁存控制模块以锁存器或触发器为核心，并配置必要的外围电路元器件。

3）开关驱动电路模块是以智能MOSFET开关（如高边开关或低边开关）为核心，并配置必要的外围电路元器件。

4）执行器电路模块指的是继电器本身。

图 3-25 是一个为汽车继电器设计的驱动电路基本拓扑结构，它通过一路稳压 DC-DC 变换器实现对信号锁存及保障继电器的持续供电。为降低功耗，电路中常常采用 PWM（脉冲宽度调制）控制方式来驱动继电器。

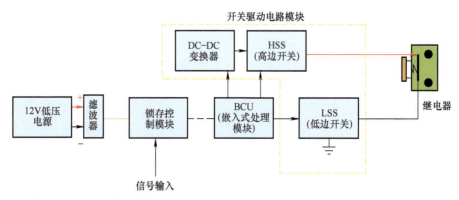

图 3-25　汽车继电器驱动电路拓扑结构

3.4.3　BMC 设计需求分析

如果说 BCU 更多关注的是整个电池系统的控制功能，那么 BMC 的主要工作在于监测动力电池组中各单体电池的情况，并将电压、温度等数据信息传送给 BCU 进行处理。与 BCU 的硬件电路类似，在进行 BMC 设计之前，也必须开展需求分析，确定设计内容，为硬件的配置和电路的具体设计提供指导。常见的 BMC 设计需求分析见表 3-7。

表 3-7　BMC 设计需求分析表

1. 基本信息				
项目名称：xx 项目		零件 / 总成：电池管理系统		编辑：
电池管理系统（BMS）：		零件号（BMC）：		更新时间：
2. 技术需求评估				
序号	需求类别	详细需求描述	是否符合	备注
1	功能需求类	采集功能	单体电压、温度、供电电压的检测范围、精度、巡检周期和通道数目等		
2		均衡功能	均衡电流、均衡效率、均衡温升等		
3		电池类型	磷酸铁锂 / 三元 / 钛酸锂等		
4		电池保护	保护阈值、保护策略等		
5		热管理	加热及冷却等		
6		热插拔	安装要求		
7		通信方式	CAN 通信或者菊花链通信等		

第3章 BMS 硬件设计

（续）

序号	需求类别	详细需求描述	是否符合	备注
8	环境可靠性类	耐高温性能		
9		耐低温性能		
10		耐振动性能		
11		耐盐雾性能		
12	电气安全类	工作海拔		
13		绝缘耐压		
14		绝缘电阻		
15		欠电压运行		
16		过电压运行		
17		反向电压		
18	EMC 类	辐射发射		
19		传导发射		
20		静电放电		
21		大电流注入		
22		电波暗室		
23	法律法规类	阻燃等级		
24		禁用物质		

注：本表内容由东莞钜威动力技术有限公司提供；本表还可根据实际情况增加不同内容。

在进行 BMC 设计需求分析时，需要注意以下五个问题。

1）安全性问题。安全是整车及其零部件都要考虑的问题。由于电压采集电路与电池极柱相连接，在极端情况下可能导致电池短路，因此必须有短路防护，例如将熔丝串联在采集回路中。另一方面，为避免由于热失效、负载过大等极端情况导致电器元件起火，根据 GB 8410—2006《汽车内饰材料的燃烧特性》中燃烧速度不大于 100mm/min 的要求，一般业界将这一要求与美国标准"UL94-V0"阻燃等级相对应，即"对样品进行两次 10s 的燃烧测试后，火焰在 10s 内熄灭"。考虑电磁干扰问题，在布线过程还需采取高低压隔离方式，防止高低压串电。

2）同步性问题。为使电池系统故障能够及时、有效地反馈及处理，需根据系统的最小故障允许反应时间选取数据采集方案。同时，根据电池串联数量越大、数据时延越久这一特点，在 BMC 设计过程中要针对电池组的单体串联规模定义不同的硬件采集速度。

3）采集精度问题。由于精确的剩余电量（SoC）估算依赖于较高的电压采集精度，一般要求单体电池的电压采集误差范围不超过 −5 ~ +5mV 这个区间，在某些特定应用需求下单体电压的采集精度要求还会更高。

4）抗干扰问题。相比传统汽车，电动汽车的高低压电路环境更加复杂，由此形成的电磁干扰也更加强烈，作为连接动力回路的 BMC 必须具备较强的抗干扰能力，保证采集数据的准确性和稳定性。

5）功耗平衡问题。若对电芯进行信息采集的电路线材、布置方式不一致，会导致不同电芯之间自放电功耗不一致，使电池系统一致性加速恶化。因此设计BMC时需要考虑采集电路的功耗平衡，以保证BMC在工作和休眠时对不同电芯的功耗影响的一致性。

3.4.4 BMC的具体设计

BMC采集的电池信息主要包括单体电压信息和温度信息，目前有两类主流的方案。

1. 分立器件采集电路方案

如图3-26所示，n个单体电池对应$n+1$路电子开关（通常为光继电器），并连接至两组总线（BUS+与BUS-）上。带CAN通信的BMC控制器通过分时控制相邻的2个电子开关闭合（如K_2和K_1闭合），从而选通1节电池与具有数字通信功能的高精度ADC连接，实现对该节电池的电压采集。该数字通信高精度ADC采取差分输入模式，支持正负电压输入，并通过数字通信隔离芯片与BMC控制器进行通信。同样，多路温度采集模块通过ADC采集通道将温度信息发送给BMC控制器，从而实现温度数据发送。BMC采集的数据信息通过CAN通信模块传输给BCU。

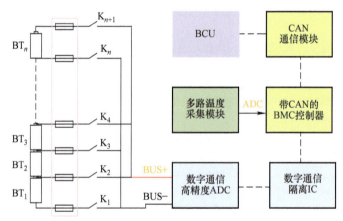

图3-26 采用分立器件采集电路的BMC

分立器件采集方案具有以下优点：

1）电源从低压蓄电池整体取电，不消耗动力电池组电量。
2）一致的采集功耗和超低的采样电流消耗。
3）支持防反接、热插拔并支持任意节电池电压和温度采集。
4）在电池串联数量较多时（如30串或以上）具有高体积密度。

但其也存在以下一些缺点：

1）由于对数据采集和处理的要求较高，导致BMC成本昂贵，在电池串联数量较少时（如30串以下）单位成本较高。
2）采集的速度相对较慢，数据同步性时延大。
3）元器件多，诊断能力欠缺，不能满足功能安全等级。

第3章 BMS 硬件设计

2. 基于集成电路的方案

集成电路（Integrated Circuit，IC）可将分立器件的各种元器件的功能进行整合，并集中在一个小体积的芯片上，提升了系统信息的分析速度并减少了硬件占用空间。基于集成电路的 BMC 方案如图 3-27 所示，大致可分为均衡及去耦滤波电路、集成电路芯片、通信处理单元三部分。其中均衡及去耦滤波电路的作用在于采集单体电池电压，并实现电池均衡处理；集成电路芯片则接收由滤波电路传输过来的电池信息（包括电压、温度等）并进行数据转换，同时对 BCU 发送过来的指令进行逻辑处理，输出电源管理的一系列任务；通信处理单元，主要是将集成电路芯片获得的单体电池及温度信息进行编码，并与上位机（BCU）进行数据通信。根据客户要求或者硬件总体方案，可选择菊花链通信或者 CAN 通信。

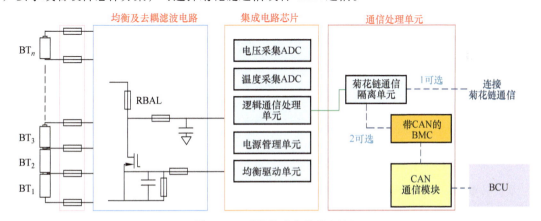

图 3-27 采用集成电路的 BMC

相比分立器件方案，集成电路采集方案有以下优点：
1）可以节省电子开关等器件，在串数少（如 30 串以下）的电池组中应用时性价比高。
2）采集速度快，数据同步时延小。
3）电路板上的元器件数量少，且芯片往往集成了多项故障诊断功能，适用于面向功能安全等级进行设计。

当然，这种方案也有以下一些缺点：
1）需从动力电池取电，容易出现功耗不一致及较高的采集电流消耗等问题。
2）采集的最小通道数目有限制，往往是 6 或者 12 的倍数，不能自由配置采集通道。
3）耐冲击电压等级低，不支持防反接，需要注意热插拔保护。

3.4.5 均衡电路设计需求分析

BMS 均衡电路的功能，是对电池系统内单体电池的电量进行均衡控制，保证电池一致性，有利于电池系统的能量被最大限度地使用并提升电池的使用寿命。根据均衡过程能量管理形式不同，目前电池均衡电路可分为耗散性均衡（也有人称之为"被动均衡"）和非耗散性均衡（也有人称之为"主动均衡"）两类。与其他硬件电路设计的要求相类似，设计均衡电路时首先要进行设计需求分析，见表3-8。一般地，均衡电路的设计，受电池类型、供电电压、均衡模型及效率、生产成本等多种因素制约，需要根据每个项目的实际情况进行定制，不能简单地照搬照抄既有的方案，否则会影响产品的成本及使用效果。

表 3-8　均衡电路设计需求分析样表

序号	条目	需求描述	需求分析	备注
1	电池类型	磷酸铁锂/三元/钛酸锂等	分析均衡启动电压及电路驱动要求	
2	电池容量	100Ah/200Ah 等	判断电池自放电指标及均衡所需时间	
3	供电电压	12V 或者 24V	主要影响非耗散性均衡 DC-DC 设计	
4	均衡拓扑	耗散性/非耗散性等	根据成本和体积要求选择	
5	均衡电流大小	0.1A/0.3A/0.5A/2A/5A 等	根据均衡拓扑定义	
6	均衡效率	均衡占空比	注意均衡器件开关速度	
7	均衡温升	均衡器件温升要求	分析散热设计	
8	安装体积	根据电池包而定	非耗散性均衡单位体积大，耗散性均衡单位体积小。体积受限的情况下，一般选取耗散性均衡	
9	成本要求	根据售价而定	成本由高到低排列：非耗散性均衡≥耗散/非耗散一体化均衡≥耗散性均衡	

注：本表内容由东莞钜威动力技术有限公司提供。

从设计要求的角度上看，均衡电路设计要满足以下需求：

1）安全性。由于均衡电路与动力电池正负极相连接，极端情况下可能会出现电池短路现象，必须有短路防护措施，例如将熔丝串联在均衡电路和电池极柱连接处，同时考虑热效应的影响，选用的电器元件含连接器均需具备 94-V0 阻燃等级。

2）可靠性。从单点失效故障来看，均衡电路电器元件数量越多，相应的诊断越少，则可靠性越低。因此建议采用集成电路设计，并设置必要的均衡诊断功能，例如均衡开路、均衡短路等故障诊断。必要时，通过在回路串联 2 个或以上的均衡控制开关，可以提升均衡安全性及可靠性。另外，考虑工作应力（包括工作电压、反向电压、电流、功率、温度等）对均衡电路电器元件失效率的影响，均衡电路应做恰当的降额设计。

3）均衡效率。均衡效率主要表现在均衡速度及均衡损耗上，均衡速度要求硬件电路能针对不同电压差实现均衡电流的控制，既保障均衡过程电池安全，也实现均衡时间的把控；均衡损耗则关系均衡过程中电能转换的效率，要求均衡过程电能损耗尽可能少，保障均衡效果的同时也减少电池能量的损失。在电动汽车运行过程中，无论是充电或者放电，硬件电路都应该支持均衡功能。为提高均衡效率，均衡开关的通断速度应足够快。特别地，为保障非耗散性均衡电路的稳定性及有效性，所设计的均衡电流需要保持恒定，DC-DC 设计的变换效率需高于 85%。

4）成本和体积。一方面，BMS 的性能和价格均兼顾才能体现产品的性价比；另一方面，由于电动汽车电池包空间有限，串联的电池串数多，BMS 的体积需要小型化，而均衡电路往往占据较大的电路面积。因此,在实现以上要求的同时,还需要从成本和占用空间进行综合考虑,对均衡电路进行优化。

3.4.6 均衡电路的具体设计

从能量均衡的利用角度来看,目前均衡电路分为耗散性均衡电路及非耗散性均衡电路,以下将对这两类电路进行详细介绍。

1. 耗散性均衡(有人称之为"被动均衡")电路

耗散性均衡指的是采用一定的方式消耗电量较高的电池电量,最终保证系统每个电池电量相接近的一种手段,这种方式也是目前比较成熟的电池均衡方法,成本也相对比较低。

如图 3-28 所示,耗散性均衡电路会在每一路单体电池 BT_n 旁边并联一个可控电子开关 S_n 及限流电阻 R_n,在工作过程中,若某一路单体电池电压相对其他电池电压较高,则会闭合电子开关,使得该路电池与限流电阻形成闭合回路,电池部分能量耗散于限流电阻上,通过这种方式最终使得各个单体电池电压处于相对均衡的状态。为了防止电子开关或者限流电阻失效,串联熔丝 K_n 用于短路安全保护。对于电池信息采集电路一般以

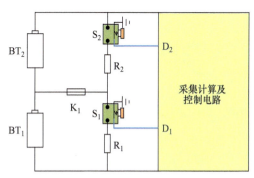

图 3-28 耗散性均衡电路

模拟前端(AFE)芯片为主,控制电路则以 BMC 为核心的外围电路实现。受限流电阻的影响,常见的耗散性均衡能力为 50~100mA,长时间均衡将会导致限流电阻发热,因此需要在均衡电路上添加散热措施。

2. 非耗散性均衡(有人称之为"主动均衡")电路

非耗散性均衡电路是通过一定的控制手段,使得电量较高的电池将部分电量转移到电量较低的电池,最终保证每个电池电量相接近。相比耗散性均衡方案,非耗散性均衡方式可以保证电池能耗较小,同时又能提高电池一致性,但其电路设计较为复杂,相对成本也较高。

非耗散性均衡的思路是在单体电池旁路添加储能元件,将电池的多余能量存储在储能元件中,并将这些能量传输到能量相对较少的单体电池中。根据所采用的均衡元件不同,目前常见的非耗散性均衡电路有基于电感式能量转移的均衡方案及基于变压器 DC-DC 变换的均衡方案。

基于电感式能量转移的均衡方案如图 3-29 所示,假设 BT_2 电压 <BT_1 电压,IP_{1+} 及 IP_{1-} 导通,BT_1 向 C_1 充电,待 C_1 电压与 BT_1 相等时,关闭 IP_1,打开 Q_1,使得 C_1 向 L_1 充电;待 L_1 充满时,再断开 Q_1,闭合 Q_2 将 L_1 的电量传输给 C_2,最后通过控制 IP_2 电流实现能量的转移。恒流控制单元可以实现均衡过程电流平衡,有利于电池安全的保护。但这种方式只能在相邻电池之间进行能量转移,效率不高。

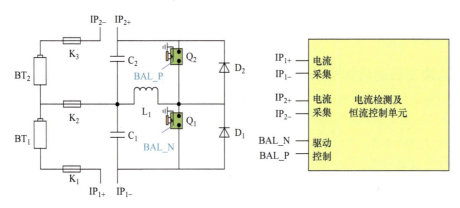

图 3-29 基于电感式能量转移的非耗散性均衡电路

基于变压器 DC-DC 的均衡方案如图 3-30 所示，该方案由两阶 DC-DC（DC-DC1 和 DC-DC2）、开关列阵 MUX、DC BUS（低压供电总线）组成，DC-DC1 以单体电池为单位、DC-DC2 以电池组（数量一般少于 16 个）为单位。DC-DC1 用于组内单体电池的均衡（双向恒压恒流）；DC-DC2 用于电池组和电池组之间均衡。相比基于电感式的均衡电路，这种方案可以实现任意单体或者电池组之间的均衡，其效果更佳，但相对硬件成本也高。由于非耗散性均衡不依赖均衡电阻，因此均衡电流较大，其一般能达到 2～5A。

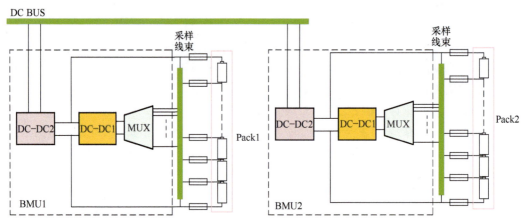

图 3-30 基于变压器 DC-DC 的非耗散性均衡电路

3.4.7 通信模块的设计

目前 BMS 通信技术可以分为有线和无线两大类，其中有线通信技术主要包括 CAN、车载以太网等，无线通信技术主要包括蓝牙、WiFi、星闪技术等。各类技术的概述及特点如下。

CAN（Controller Area Network，控制器局域网），是一种可以解决汽车中众多的控制与监测仪器之间的数据交换的串行数据通信协议，其通过定义各个信息收发端的地址，利用高低两根线

第3章 BMS硬件设计

束将各种电子控制单元进行连接，从而大大降低了通信线束数量并提高了信息传送的稳定性。

车载以太网是一种用以太网实现电池系统内各电子单元的新型局域网技术，为了提高信息传输效率，与传统的4对非屏蔽双绞线电缆不同，车载以太网采用单对非屏蔽双绞线实现100Mbit/s以上的传输速率。

蓝牙技术具备灵活性好、多功能性强的优点，适应于电池系统小数据的无线传输，是一项比较容易实现的无线通信技术，但由于蓝牙技术反应时间慢、安全性差的缺点，一般较少被应用于电池数据实时监测。

WiFi是基于IEEE 802.11标准的无线短距通信技术，可以实现较大数据量的无线传输，是目前电池无线通信技术常用的手段。为适应电池系统抗干扰、自适应的通信需求，通常会采用多频谱切换的方案实现抗干扰；另一方面，为保障通信稳定，对BMS在电池系统及整车内部空间的布置也要遵循一定的规则，避免信号传输途径受阻。

星闪技术是我国针对高质量短距无线连接的需求而推出新一代通信技术，相比其他通信技术，其在通信标准、频谱设置、测试认证等方面建立起更规范的协议，从而使得信息管理更合理、传输效率更高、通信过程更安全，同时支持国产芯片，有助于国产芯片技术推广。

通信模块种类众多，但其硬件的设计流程相类似，现以有线的CAN总线通信以及WiFi模块作为例子说明通信模块硬件设计的主要内容。

1. CAN总线通信模块

CAN总线通信模块的组成如图3-31所示。由CAN总线收发器、CAN总线控制器、隔离电路、接口管理CPU组成。CAN总线收发器主要是实现收发信号与总线差分电平的相互转换；隔离电路包括信号隔离及电源隔离两部分，用于实现控制器和收发器之间的完全电气隔离；CAN总线控制器主要是针对通信过程的时序逻辑、错误管理逻辑、验收滤波、收发缓冲管理等进行控制；接口管理CPU则负责对总线数据的解析、管理和收发，对上位机命令进行响应并反馈接口健康状态。

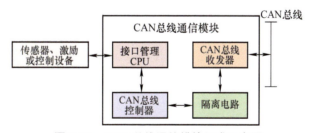

图3-31 CAN总线通信模块组成示意图

对CAN总线通信模块进行设计时，应该注意如下几项。

1) 总线阻抗匹配，为提高总线通信时的可靠性和抗干扰性，在CAN总线两端要用120Ω的电阻连接。

2) EMC防护，考虑环境对通信模块可能产生强干扰影响，需通过信号隔离和电源隔离以降低干扰。针对信号隔离，要考虑信号传输延迟时间的要求，一般要采用高速光电耦合器或者磁隔离器来实现；针对电源隔离，一般考虑采用小功率 DC-DC 电源实现。

3）时钟容差，总线的速度与时钟精确相对应，一般低于 125kbit/s 的通信模块可以采用陶瓷振荡器，而更高要求的通信模块则是用晶体振荡器。

4）电平转换，由于嵌入式单片机的电平以 TTL 电平为主，而 CAN 的电平则是以 CANH、CANL 两条线之前的差分电压来进行定义，TTL 电平与 CAN 电平并不兼容，因此在设计 CAN 通信模块时要考虑将电平进行转换，CAN 通信模块才能正常工作。

5）EMC 防护，除了使用屏蔽双绞线提升 CAN 总线抗干扰能力，有时还需根据特定的 CAN 总线通信模块，从高频干扰、过电流冲击、接地线路等方面考虑干扰源，从而采取不同的措施实现 EMC 防护。

2. WiFi 模块

具备 WiFi 无线通信的某款 BMS 结构如图 3-32 所示。目前 BMS 使用的大多为嵌入式 WiFi 模块，其内置 WiFi 驱动、协议及板载天线，可以直接焊接在 BMS 电路板上，通过 UART、USB 或者 PCIE 接口与 BMS 信息发送端及电源端进行连接，实现将 BMS 处理的信息发送给主控管理模块。

在设计 WiFi 模块时，要注意几个因素：

1）通信接口的选择，设计过程考虑 BMS 信息输出情况，合理地选择与无线模块连接接口，并确保接口连线正确。

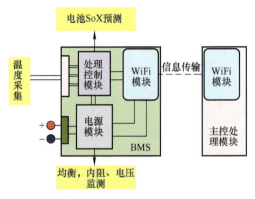

图 3-32 WiFi 无线 BMS 组成示意图

2）无线模块供电电压，目前 WiFi 模块供电电压多以 5V 或者 3.3V 为主，在设计过程中，要根据实际 WiFi 的电源参数，合理地设置供电电路，否则会直接损坏无线模块。

3）无线模块天线布置，在设计无线通信模块时，要根据所选择的无线模块，确认其天线是板载的还是外置的，一般板载天线占用空间小，有利于 BMS 硬件设计及使用。

4）无线模块尺寸，要根据 BMS 实际使用需求，选择合适尺寸的无线模块，否则将影响 BMS 的实际装配。

3.5 硬件测试及验证

根据 V 模型的流程，在完成 BMS 硬件设计后，必须对硬件各个模块以及系统进行一系列的测试及验证，保障硬件的可行性及稳定性。

一般来讲，BMS 硬件测试可以分为模块测试和系统测试两个环节：

1）模块测试是对可以单独分开的模块进行功能和性能测试，若测试通过，再将其放置于系统中。所涉及的模块测试对象包括电源、继电器驱动模块、继电器锁存模块和绝缘功能模块，如图 3-33 左边的部分。

第3章 BMS 硬件设计

2）系统测试是将各个模块集成，配合相应的功能软件，对硬件的各项功能进行测试，此类测试的对象涉及信息采集与存储、总电压采集、均衡控制功能等，如图 3-33 右边的部分。

本节将对图 3-33 所涉及的测试项目进行说明。

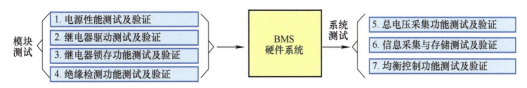

图 3-33　BMS 硬件测试类型

3.5.1　电源性能测试及验证

这里所述的电源，包括两类：其一，动力电池系统，为整车提供高压电源；其二，弱电系统，如蓄电池、DC-DC 变换器等，为整车弱电提供低压电源。对于电源本身来讲，有些测试（如电磁干扰、启动/保持时间、电源寿命等）应该在电源出厂时就已做了测试并且获得合格证，在 BMS 硬件验证过程中可以先查验相关的检测报告以及说明书。而 BMS 针对电源启动所需的测试，主要是针对输出电压调整、电源调整率、负载调整率等内容。

1. 输出电压调整测试

对电源输出电压的测试验证，主要考虑其输出电压是否达到所需范围，如动力电池系统、蓄电池的标称电压等，在测试之前，需准备与被测电源相匹配的电压检测仪、电源负载，测试步骤如下：

1）将电源静置，将电压测试仪调整至电源标称电压级别的档位，测量其正负极电压，验证其是否达到标称标准，若是，进行步骤 2）；若否，说明该电源达不到使用标准。

2）将电源与电源负载的正负极对应连接，开启电源负载，并将负载电流从 0 调整至电源的标称电流值或者满载电流值，观察这个过程中电源两端电压情况，若符合负载使用情况下的电压需求，说明该电源输出电压合格，否则为不合格。

值得注意的是，上述测试方法对于 BCU 或者 BMC 板子上的内部电源（如 5V 稳压系统等）也同样适用。

2. 电源调整率测试

电源调整率指的是电源所能提供稳定电压的能力，如动力电池系统和蓄电池的最大、最小电压值，这项测试也用来验证电源在不同环境下的电源电压输出情况。该项测试前期需准备与被测对象标称充放电参数相适应的电源充放电测试平台及与测试对象规格尺寸相匹配的温箱，测试流程可参考如下步骤：

1）将测试对象放置于温箱中，将温箱设置为某个工作环境温度值（如 -20℃、-10℃、0℃、10℃、20℃、30℃、40℃等），待温箱内部温度稳定后，进行步骤 2）。

2）记录测试对象在该环境温度下的电压大小，判断其是否符合使用要求，如果符合则进入步骤 3）。

3）对测试对象进行额定电流工况下的充电或放电，当电源系统达到充电或者放电截止电压时停止充放电操作，进入步骤4）。

4）结合充电或放电时间，统计充进电量或者放出电量，将系统搁置一段时间，待测试对象温度（一般以电池系统极柱的温度为参考）与温箱温度相接近时，进入步骤5）。

5）观察系统工作电压情况，结合在该温度下的充/放电情况，判断其是否达到设计要求，如果符合则进行步骤6）。

6）回到步骤1），设置另外一个温度值，直到所有环境温度下的性能均测试完成。

3. 负载调整率测试

负载调整率指的是当负载电流变化时，电源输出电压变化幅度的大小。如在新能源汽车使用过程中，加大油门会使动力电池系统输出电流增大，与此同时动力电池系统的总工作电压也会呈现较大幅度的降低。对于大多数电源系统，都是针对其规定的最大充/放电倍率情况，判断其工作电压变化的幅度。以动力电池系统负载调整性能测试为例，测试前期需准备与被测对象标称的充放电参数相适应的电源充放电测试平台，以及与测试对象规格尺寸相匹配的温箱，测试流程可参考如下步骤：

1）将被测对象放置于温箱中，设置特定温度值（一般设置为常温，若考虑寒冷地带的性能情况，则可以将温度进行调整），待温箱温度达到设置条件时，进行步骤2）。

2）根据被测对象使用说明，将充电或放电电流设置为最大，对被测对象进行充放电测试，若此时被测对象电压上升或者下降至截止电压，则进行步骤4）；否则持续30s，执行步骤3）。

3）停止充放电，将系统搁置一段时间，待测试对象温度（一般以电池系统内部的温度为参考）与温箱温度相接近时，返回步骤2）。

4）将系统搁置一段时间，待测试对象温度（一般以电池系统内部的温度为参考）与温箱温度相接近时，记录充放电测试过程中被测对象电压变化情况以及充放电能量情况，结束测试。

上述测试完毕后，根据各个阶段电源电压变化的幅度，对比电源使用说明，可以判断其是否符合使用要求。

3.5.2 继电器驱动测试及验证

继电器是BMS中用于驱动控制的关键零部件，其性能好坏直接影响电池系统的安全性和稳定性。所以，开展继电器的测试验证，是硬件设计选型的一个重要的环节。

在进行测试之前，首先要了解继电器的相关参数，见表3-9。

表3-9 继电器主要参数及相关定义

序号	参数名称	参数定义及说明
1	转换功能	继电器在规定绕组电压下完成吸合转换的功能
2	保持功能	继电器在规定绕组电压下保持不释放的功能
3	释放功能	继电器在规定绕组电压下完成释放的功能
4	绕组电阻	继电器绕组的直流电阻

第3章 BMS 硬件设计

（续）

序号	参数名称	参数定义及说明
5	吸合电压	继电器动合点全部闭合的最低电压
6	释放电压	继电器静合点全部闭合的最高电压
7	动合点接触电阻	继电器动合点在规定绕组电压下的接触电阻
8	静合点接触电阻	继电器静合点在不施加绕组电压时的接触电阻
9	吸合断开时间	继电器从施加规定绕组电压起，至静合点断开的时间
10	吸合时间	继电器从施加规定绕组电压起，至动合点闭合的时间
11	吸合回跳时间	继电器吸合过程中，从动合点首次闭合到末次回跳的累计时间
12	吸合转换时间	继电器在吸合过程中，静合点断开时间与动合点吸合时间之差
13	释放断开时间	继电器施加规定绕组电压后从去激励起，至动合点断开的时间
14	释放时间	继电器施加规定绕组电压后从去激励起，至静合点闭合的时间
15	释放回跳时间	继电器释放过程中静合点首次闭合到末次回跳的累计时间
16	释放转换时间	继电器在释放过程中，动合点断开时间与静合点吸合时间之差
17	介质耐压	继电器的壳体、绕组、触点及触点间可承受的交流电压
18	绝缘电阻	继电器的壳体、绕组、触点及触点间在规定电压下的绝缘电阻

对于车用继电器，要满足 GJB 65A—91《有可靠性指标的电磁继电器总规范》、GJB 1042—90《电磁继电器总规范》和 GJB 360A—96《电子及电气元件试验方法》等标准。在继电器出厂前，都必须围绕标准对继电器各项性能的要求，进行严格的测试，并且获得合格证方可作为零配件设计。

下面重点讨论继电器两个关键性能指标的测试方法。

1. 继电器吸合电压和释放电压测试

继电器吸合电压和释放电压大小，直接关系到 BMS 在驱动继电器的过程中，需要输出的驱动电压情况。目前，吸合电压和释放电压的测试方法有直流法和脉冲法两种。

1）直流法的绕组加电波形如图 3-34a 所示，只需将一台直流稳压电源接在被测继电器的绕组上，缓慢调节稳压电源的电压，同时监视继电器触点的状态，即可测到吸合电压和释放电压。

2）脉冲法的绕组加电波形如图 3-34b 所示。吸合电压测试每次是从零电压往上调，释放电压测试则是从额定工作电压往下调。相比直接法，脉冲法更加接近于实际使用情况，但用脉冲法进行测试时需要配备一台脉冲发生设备，测试过程较为复杂。

2. 继电器触点接触电阻测试

继电器的触点接触电阻会对 BMS 的信息采集精度（如单体电池电压采集精度等）带来直接的影响。该电阻包括动合点接触电阻和静合点接触电阻，对于 BMS 来讲，更多考究的是继电器的动合点和静合点在接触时所产生的电阻。测试前期，考虑接触电阻通常都是毫欧姆级别的，因此需准备一个毫欧表；另外，需要准备一台继电器驱动电源。其测试的要点如下：

1）将继电器驱动部分与电源的极柱进行连接，使继电器闭合。

2）用毫欧表测量继电器在闭合状态下的接触电阻值，从而判断其是否满足硬件设计要求。

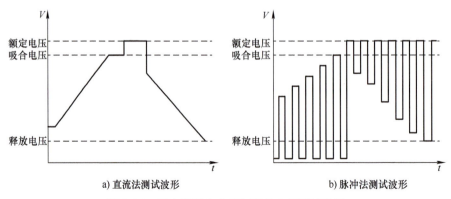

a) 直流法测试波形　　　　　　　　b) 脉冲法测试波形

图 3-34　继电器吸合电压与释放电压测试波形

3.5.3　继电器锁存功能测试及验证

继电器一般可分为锁存型和非锁存型两种。非锁存型继电器在完全断电后，内部线圈磁场消失，会恢复到初始连接或者断开状态；锁存型继电器则在完全断电后，会保持最后的开关位置。在 BMS 硬件设计中，继电器锁存功能测试的目的在于验证继电器在断电情况下，其保持原有状态的稳定性，具体步骤如下所示：

1）准备待测锁存继电器一套，BCU（或单片机）控制电路一套，双通道示波器一台，12V（或 5V）直流电源一个，120Ω 电阻一个，设备连接如图 3-35 所示。

2）如图 3-36 所示，让 BCU 输出带有一定频率的驱动信号。这里需要注意的是，驱动信号的频率必须小于锁存继电器标称的驱动频率。

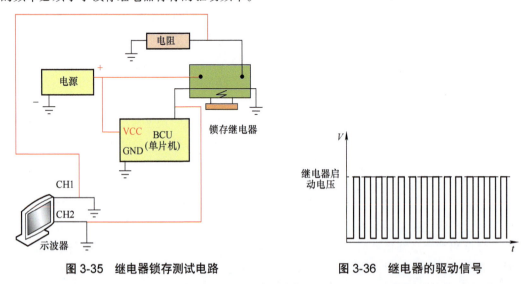

图 3-35　继电器锁存测试电路　　　　　图 3-36　继电器的驱动信号

3）观察通道 CH1 和 CH2 的电压变化情况，若示波器 CH1 输出为直线（见图 3-37a），则

第 3 章　BMS 硬件设计

说明锁存器接触状态稳定；若示波器 CH1 输出类似如图 3-37b 所示的波形变化图，说明锁存器接触状态不稳定，不符合使用要求。

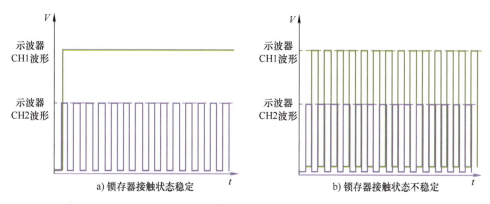

图 3-37　示波器输出情况

3.5.4　BCU 绝缘检测功能测试及验证

绝缘检测是 BCU 的一项与安全相关的功能。在验证 BCU 绝缘采集准确性时，务必考虑其绝缘检测模块能承受的电压范围，测试前期需准备高压可调直流电源系统、两根两端都带有螺丝孔位的金属条、可调电阻（一般取 200～600kΩ 的电阻范围）、计算机等，测试过程可参考以下步骤。

1）实验测试过程的元器件连接如图 3-38 所示，将高压可调直流电源正极、负极分别与金属条 1、金属条 2 的一端螺丝孔（检测点 A、检测点 B）连接，可调电阻的两端分别与金属条 1、金属条 2 的另一端螺丝孔连接，将被测的 BCU 的绝缘检测负极端与检测点 B 连接（即与直流电源负极并联）。

2）不开启直流电源，将可调电阻的阻值调整到最大，单纯开启被测 BCU，其探头 k 分别接触检测点 C、检测点 A，并记录被测对象输出的电阻值，同时利用万用表分别测量 BC 和 AB 的电阻值以及 A、B 两端的电压。

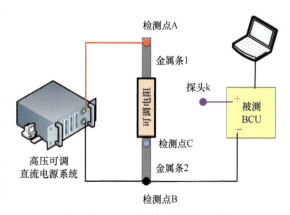

图 3-38　BCU 绝缘采集验证测试

3）开启直流电源，将被测对象探头 k 分别接触检测点 C、检测点 A，并记录被测对象输出的电阻值，同时利用万用表分别测量 BC 和 AB 的电阻值以及 A、B 两端的电压。

4）调整可调电阻的阻值，重复步骤 3）。

5）根据上述步骤，将被测对象和万用表获得的结果进行记录，记录表可以参照表 3-10。

电池管理系统（BMS）设计与制造技术

表 3-10　BMS 绝缘检测测试记录样表

总电压 /V	实际阻值 /kΩ	读取阻值 /kΩ	误差 /kΩ	理论绝缘值 /(Ω/V)	实际绝缘值 /(Ω/V)	判断
0						
600						
500						
400						
300						
200						
100						

由表 3-10 可以比较 BMS 在绝缘检测过程的输出电阻（读取阻值）与万用表的阻值（实际阻值）之间的差别，从而验证 BMS 绝缘检测功能的准确性。

特别注意的是，该实验涉及高压直流电源的操作，务必戴上绝缘手套进行操作以保障安全。

3.5.5　电池系统总电压采集功能测试及验证

BCU 需要时刻采集电池系统的总电压，这里主要讨论 BCU 采集电池组总电压的准确性，由于动力电池系统使用过程中电压是不断变化的，因此开展总电压采集功能测试务必覆盖较宽的电压变化范围。测试前需要准备电池模拟器（根据 BCU 面向动力电池系统电压覆盖范围而定）、计算机、电压采集器及相关的电路连接材料，测试过程可以参照以下步骤：

1）按图 3-39 将被测的 BCU 与电池模拟器进行连接，注意电压采集器的电压采集最大值必须大于或者等于动力电池系统电压最大值。

2）开启电池模拟器，根据 BCU 的采集范围，调整模拟器输出电压，并分别比较电压采集器和 BCU 所采集到的电压值，将基准电压、实测电压、误差和判断结论记录下来，作为检测结果，可参照表 3-11。

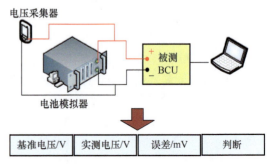

图 3-39　总电压采集测试设备连接图

表 3-11　总电压测试记录样表

基准电压 /V	实测电压 /V	误差 /mV	判断
0			
100			
200			
300			
400			
500			
600			

3.5.6 信息采集与数据存储测试及验证

信息采集与数据存储测试是检测 BMS 硬件的处理能力的主要手段，需在 BMS 硬件完成打样并且烧录软件之后进行，测试前期需准备被测 BMS（包含 BCU、BMC）、多路电池模拟器（根据 BMS 面向动力电池系统电压等级而定）、计算机及相关的电路连接材料、与 BMS 相配套的存储设备等。测试过程可以参考以下步骤：

1）按图 3-40 将 BMS 与电池模拟器进行连接。

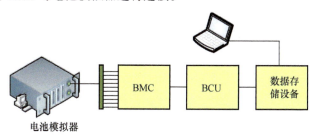

图 3-40　信息采集与数据存储测试设备连接图

2）让电池模拟器模拟多路电池情况输出相应电压并执行变化，BMC 与各路输出对接，BCU 记录数据并存储于数据存储设备内，同时用计算机读取存储结果，并与电池模拟器输出内容进行比较。

上述测试中，用电池模拟器（见图 3-41）代替动力电池单体/电池组，模拟电池或者电池组在充放电过程中所呈现的各种电压、电流以及温度特性，为 BMS 提供模拟的仿真物理量，可以减少动力电池使用损耗，提高测试效率及安全性。具体可见参考文献 [5] 的 4.4.3 节。

图 3-41　电池模拟器实物图
注：图片由西安迅湃快速充电技术有限公司提供。

3.5.7 均衡控制功能测试及验证

电池均衡是 BMS 的一项重要的功能，其目的在于令每个电池或者模组都能保存相接近的能量，使电池系统一致性得到保障。均衡控制功能的测试，主要从均衡效果、对电池寿命的影响、时间消耗及能量消耗四个方面进行评价。

1. 均衡效果

（1）收敛性

所谓均衡效果的收敛性，是指在任意情况下，均衡策略都能使得所有电池剩余电量的偏差能够收敛在既定的阈值范围内。例如，假设电池剩余电量均值目标为 $\overline{SoC}$，收敛阈值为 $\pm \Delta SoC$，若在均衡结束时，系统内电池剩余电量都在区间 [$\overline{SoC} - \Delta SoC$，$\overline{SoC} + \Delta SoC$] 内，说明均衡收敛。如果均衡过程中各电池剩余电量之间的偏差无法收敛于既定阈值内，均衡操作不能正常停止,则电池能量会不断消耗,最终导致电池能量为 0。

收敛性是均衡最基本的指标,也是均衡控制功能测试的前提,只有保证电池均衡能正常收敛,其他的测试评价才有意义。

(2)容量利用率

均衡的主要目的是将电池之间的不一致性降低,充分地提高电池系统的容量利用率。通常,容量利用率 η_{cap} 可由式(3-3)进行表达。

$$\eta_{cap} = \frac{NC_{discharge}}{N\overline{C}} = \frac{C_{discharge}}{\overline{C}} \times 100\% \quad (3-3)$$

式中,$C_{discharge}$ 为电池组最大放电容量;$\overline{C}$ 为所有单体电池电量的均值;N 为电池组电池个数。

理想的情况是经过均衡操作后,充电过程中电池组每个电池都能被充满,而放电过程则每个电池都能被放空,这样可以将电池组中所有电池的电量都利用。

通过容量利用率的计算,可以统计均衡过后电池组电量可以被利用的程度,进而作为均衡效果的一个重要评价指标。

2. 对电池寿命的影响

实验研究证明,电池寿命的衰减与充放电过程电荷累计量相关。由于电池均衡过程需对电池进行充放电,整个过程充放电电量累积量对电池寿命会存在一定的影响。因此,对电池寿命影响程度的评价也是均衡功能测试的一种重要的评价指标之一。评价均衡策略对电池寿命的影响也可以采用式(3-4)进行评价。

$$Q = \frac{1}{n}\sum_{m=1}^{n}\int_{t_0}^{t_1}|i_m(\tau)|d\tau \quad (3-4)$$

式中,Q 为电池平均累计充放电电荷;n 为电池组内电池总数量;$i_m(\tau)$ 为第 m 个电池在时刻 τ 下的均衡电流;t_0 为累计的起始时间;t_1 为累计的结束时间。

利用式(3-4),可以分析均衡过程充放电电量的累计量,Q 越大,说明均衡过程对电池寿命的影响越大,反之亦然。

3. 时间消耗

对于多数用户而言,总是希望电池系统能在短时间内实现电池均衡,这就要求 BMS 能快速地将电荷从 SoC 较高的电池转移到 SoC 较低的电池上去。从这个角度上讲,电池均衡过程的时间消耗也就成为了评价均衡效果的一项内容。

均衡时间消耗,与以下几个方面的因素相关。

1)均衡收敛阈值,该参数决定了均衡过程各个电池剩余容量相接近的程度,阈值越小,理论上均衡效果更好,但也意味着需要花费更多的时间调整各电池剩余能量以达到各自的平衡。

2)均衡策略,受电池均衡总逻辑的制约,所定制的均衡策略在特定的电池状态下会影响实际均衡的消耗时间。例如,电池系统有一个电池处于满电状态,而其他电池都处于低电量状态,若设置均衡策略为放电均衡、均衡电流为 0.1C,那么意味着必须花接近 10h 的时间对满电

第3章　BMS 硬件设计

状态的电池进行放电，才能实现各个电池均衡；若此时选择充电均衡，充电电流为1C，则在1h 内就能完成电池均衡。

3）均衡参数的取值，均衡电路相关元器件的配置决定了均衡过程的具体参数，例如耗散均衡电路中均衡电阻的阻值大小选择，将直接决定均衡电流的大小。对于某一特定电池组状态而言，均衡电流越大，则均衡消耗的时间越小。当然，均衡电阻的选型还得与具体 BMS 配置相匹配，否则均衡过程所产生发热量将影响 BMS 的安全性。

4）均衡时机，指的是对电池采用充电均衡还是放电均衡的模式，在对于特定状态的电池系统，同一种均衡模式对于不同电池使用状态所消耗的时间是不同的。

5）电池组各电池初始容量分布情况，在上述各种因素都确定的前提下，电池初始容量分布直接决定了均衡时间消耗。例如，各个电池初始容量都相接近的样本与各个电池初始容量偏差较大的样本相比，前者均衡时间损耗较小。

为了更好地体现整个均衡控制在时间消耗上的效果，需要对上述各种因素进行综合分析再给出总体的评价指标。目前，均衡时间消耗参数主要有均衡的时间分布、均衡的最大时间、均衡的平均时间。其中，均衡的时间分布，指的是均衡消耗时间在不同的初始条件下的分布情况，往往体现均衡时间对不同初始条件的稳定性；均衡的最大时间，指的是均衡过程最大限度的允许时间，为了保障电池管理安全，一般 BMS 会设置均衡的最大时间，若超过该值，则系统会中止均衡，以防过度均衡导致电池系统受损；均衡的平均时间，则是描述在各种初始条件下均衡时间的平均值，体现了均衡时间消耗的总体水平。

4. 能量消耗

能量消耗表示在均衡过程中，由于能量转移过程导致的能量损耗情况。如图 3-42 所示，均衡前后的能量差值（$E_0-E_5-E_6-E_7-E_8$）即为均衡的能量消耗。

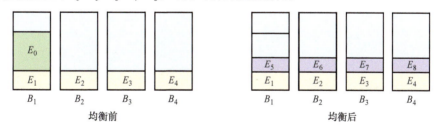

图 3-42　能量转移示意图

能量消耗大小直接决定了均衡过程热量的消耗，对 BMS 的热管理功能有一定的影响。若均衡过程释放的能量少，系统的发热量也相对较少，则 BMS 热管理难度较低，反之亦然。

目前，体现均衡能耗的参数主要包括均衡的能耗分布、均衡的最大能耗、均衡的平均能耗。与时间消耗相类似，均衡的能耗分布体现均衡能耗对不同初始条件的稳定性；均衡的最大能耗，指的是均衡过程最大限度的允许能耗，若超过该值，则系统会中止均衡以防电池系统受损；均衡的平均能耗，则体现了均衡能量消耗的总体水平。

此外，热耗散功率也是评价均衡能耗的参数之一，热耗散功率定义如式（3-5）所示。

$$P = \frac{E}{T} \quad (3\text{-}5)$$

式中，E 为均衡过程中电池内部消耗的能量（在电池箱外部的发热不计在内），T 为均衡的时间。通过热耗散功率将电池系统均衡过程的能量损耗与时间损耗统一，有利于两种损耗评价的综合分析。

综上所述，均衡控制的主要指标包括了均衡收敛性、容量利用率、均衡对电池寿命的影响、均衡时间、均衡能耗、电池热耗散功率等，其中，均衡收敛性是均衡控制与评价最重要的测试指标，其他指标则是在均衡收敛性的基础上进行分析。除了上述测试内容之外，均衡控制过程的安全性和可行性也是测试和验证所需要考虑的内容，但这方面的内容与 BMS 的整体硬件设计以及软件逻辑相关，具体可以参考本书关于 BMS 安全性及可行性相关的内容。

第 4 章 BMS 软件设计

BMS 是一个典型的由软硬件组合而成的系统，前面第 3 章着重介绍了在工程实践中 BMS 的硬件设计问题，本章聚焦于 BMS 的软件设计，将从软件架构、软件开发实践、核心功能的实现三个方面进行详细介绍。

4.1 BMS 软件架构

BMS 软件开发要与硬件相结合。因此，在软件开发前必须了解 BMS 所用的芯片基本架构，并根据主控芯片对各引脚、功能函数、应用资源的规范定制相应的控制逻辑。当前多数 BMS 都是基于嵌入式系统进行开发，所以本节将对嵌入式系统软件架构以及企业软件架构进行说明。

4.1.1 嵌入式软件架构

在过去的 20 年间，面向 BMS 开发的嵌入式开发模式主要经历了两个发展阶段。

1. 系统独立开发阶段

早期的 BMS 主要针对电池系统特定功能需求进行设计开发，在兼容性及扩展性方面相对薄弱，因此这个阶段的 BMS 多以独立开发为主。该阶段的 BMS 对嵌入式系统有两方面的要求：一是通过操作系统，主控芯片能实现多线程处理；二是系统中的各个控制芯片（如 BMC 等）之间的通信必须基于一套合理的通信协议。这个阶段的系统结构如图 4-1 所示，包括如下三个层次。

1）驱动程序层：主要对芯片各个引脚进行定义和功能设置。定义、设置完成后，其输入、输出功能需要通过应用程序来实现。

图 4-1 独立开发阶段的嵌入式系统架构

2）操作及通信系统层：针对芯片所在的硬件环境，构建一个可以将应用程序层和驱动程序层相互匹配的开发环境，保障应用程序的操作和与驱动层之间的通信正常运行。

3）应用程序层：在操作和通信系统环境下对系统各项功能进行定义，可以控制芯片引脚去执行不同的指令。通常说的 BMS 软件开发，指的就是在该层上进行开发。

2. 继承开发阶段

继承开发阶段主要指的是 BMS 开发者尽量摆脱"硬件相关性"，在应用层与驱动层之间加入"RTE"层，从而提高软件模块的可重用性。这个阶段具有代表性的开发模式，就是基于 AUTOSAR 的架构。

随着技术的不断发展，BMS 对嵌入式系统性能的要求越来越高，系统规模越来越庞大，系统内部关系越来越复杂。例如，在 BMS 中要求添加多项电池状态评估功能、实现将电池数据远程传输并接收计算结果的反馈等。这样一来，原有系统的配置不一定能够满足新的要求，需要重新开发整个 BMS，会造成系统升级成本大。另一方面，由于系统完全重新开发，与之前的版本没有相关性，所有功能在新系统上都没有经过验证，会存在较高的风险。为避免以上情况，降低开发风险及成本，软件复用度的概念逐渐形成。其核心思想是，所开发的应用程序在不同版本的 BMS 中都能被复用；所提供的应用程序可在不同的硬件环境中被复用。

软件复用度的概念被提出后，对传统的硬件平台和网络连接的兼容设置与规范给出更严谨的定义，重点在于解决以下两个问题。

1）硬件环境多样性的兼容问题：要求应用程序开发不能单纯依赖于某一硬件平台或者芯片所处的硬件环境，否则在平台更新或者更换的情况下，软件无法进行顺利移植。

2）网络拓扑结构的兼容性问题：要求应用程序的开发必须摆脱所在网络结构的限制，以实现任意的拓扑结构都能够兼容这种程序并且运行顺畅。

鉴于上述两个问题，运行时环境（Runtime Environment，RTE）的概念被引入嵌入式系统领域。它将图 4-1 中的操作及通信系统层进行封装，使得完全地将硬件环境和网络拓扑结构的信息进行屏蔽，在应用程序的开发过程中，仅需考虑功能代码的实现以及对硬件需求、其他组件通信过程的应用接口、相关功能参数等进行定义，即可通过 RTE 进行通信。当系统硬件或者拓扑结构发生升级或者改变时，仅对芯片上的 RTE 做出恰当的更改，不需对已开发的应用程序进行改动，由此大大减轻应用程序开发的工作量。

为了在汽车上实现 RTE 的概念，各汽车制造商、供应商以及工具开发商联合开发和制定的一个开放的汽车标准化软件架构，命名为 AUTOSAR（AUTOmotive Open System ARchitecture）。如图 4-2 所示，这个架构分为三个层次。

1）基本软件层。其包括 4 部分：

第一，微控制器抽象层（Microcontroller Abstraction Layer），负责硬件驱动（如存储器、寄存器、IO 接口等）的相关软件实现。

第二，ECU 抽象层（ECU Abstraction Layer），统一硬件各基础功能以及接口，如对通信报文的解析、转发，存储器读写控制方式的规范化。

第4章 BMS软件设计

第三，服务层（Services Layer），实现应用层的后台服务，如各种网络管理、总线通信管理和操作系统管理等。

第四，复杂设备驱动（Complex Device Drivers），实现特定用户对特殊设备的驱动进行编辑。

2）运行时环境层。这一层作为AUTOSAR的核心，实现将应用程序层和基本软件层之间的剥离，一方面为应用程序层提供运行环境（包括时间管理、模块协调、通信数据对接等），另一方面对接基本软件层，将应用程序层的指令及操作通过一定的形式传递给基本软件层以实现各种控制。

3）应用程序层。这是实现具体功能的软件层，产品不同的功能及算法都是在该层实现。

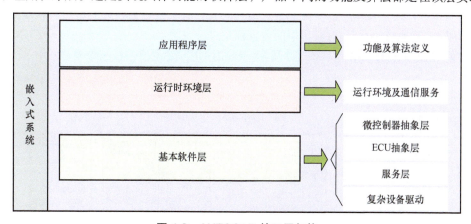

图4-2　AUTOSAR的三层架构

对于目前大多数BMS产品开发者来说，其软件开发大致可以分为以下几类。

1）购买成熟的底层，自己根据产品功能需求开发应用层。这一类适用于规模不大但具备一定软件开发潜力的供应商，他们先根据产品规划的功能及架构进行BMS各模块器件及主芯片选型，通过采购获得主芯片的底层设置，在此基础上配置相应的开发环境并进行应用程序编写。这种方式可以根据不同功能需求选择不同的芯片，成本可控；同时应用层的开发者可以选择自己熟悉的硬件，不需要绑定某个主芯片型号，在程序开发及硬件选型上相对自由。然而，由于缺乏统一的标准，这类开放模式在后续更新或者平台更换的情况下相对被动。

2）根据硬件配置，购买与该硬件相适应的符合AUTOSAR的开发包，开发者在应用程序层完成BMS软件编辑。根据RTE软件模型，此类开发需按照AUTOSAR的标准进行，但目前AUTOSAR的标准库比较昂贵，因此这一类软件开发模式适用于软件研发能力强、规模较大、资金雄厚的企业。这种模式下，软件开发投资成本较高，但软件的架构规范，兼容性、稳定性好，后期的维护成本也较低。

3）根据产品的功能和需求，自己设计产品方案，然后找具备软硬件开发能力的供应商进行打包开发。此类方式无需投入过多的人力去实现软件研发，产出周期较短，一般适用于两类BMS生产商：其一，规模较大、硬件产品较为成熟的大型主机厂（如整车厂或者动力电池生产企业），由于企业的产品优势在于整车或者动力电池系统生产，通过外包的方式可减少软件研发的投入，缩短系统的完成周期，较快地实现系统产品收益；其二，规模较小，研发能力不足，为了尽快将产品进行实现，采用外包的方式采购现有的软件及其底层架构，直接投入应用。这种方式虽然能加快软件开发进度，但是由于软件供应商开发能力参差不齐，加上开发过程中功能要求各异，软件的稳定性、兼容性较差，后续升级维护的成本也较高。

4.1.2 企业软件架构

对于一个具备成熟开发经验的 BMS 供应商来讲，正常的 BMS 软件开发流程会根据 2.3.2 节所述流程进行软件设计，进而确定软件架构。

当前大多数厂商都是基于已有成熟底层或应用包，将主要精力投入到应用软件层开发。因此，本节以 AUTOSAR 为例，对应用层的业务模型进行说明。

一般的 BMS 软件架构模型如图 4-3 所示，其中应用开发主要包括三个模块。

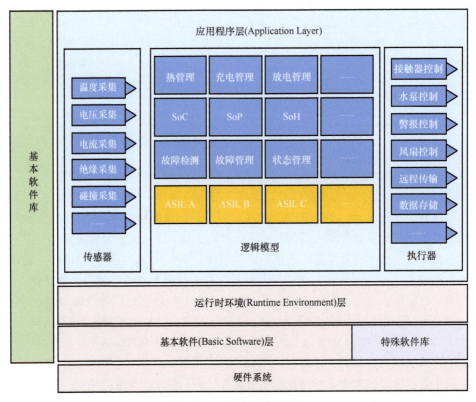

图 4-3 一般软件架构模型

1) 传感器信息接收与处理模块。该模块主要对各种传感器（如温度传感器、电压传感器、电流传感器等）与硬件系统之间的接口进行定义，并利用特定的数据转化协议实现信息的接收处理，为后续系统应用提供数据资源。

2）逻辑模型模块。该模块作为 BMS 软件开发的核心内容，主要利用接收到的传感器信息，分别对电池状态（如 SoC、SoH、SoP 等）、管理逻辑（如热管理、充电管理、放电管理等）、功能检测与防护（如故障检测、故障管理、状态管理等）、安全防护判断（如系统安全等级的划分与识别等）等功能进行详细的定义，并将各项定义结果通过执行器进行处理。

3）控制执行模块。该模块将根据逻辑模型针对各项功能的处理结果，生成相应的控制指令，如实现接触器控制、警报控制、冷却控制等。

值得注意的是，在编写应用程序层代码的过程中，主控芯片上关于传感器模块和控制执行模块对硬件连接及控制的相关函数及操作说明，大多在芯片的基本软件库中进行了定义。所以，在编写传感器信号采集和执行器控制的相关代码时，往往要利用芯片基本软件库对各种接口的定义来实现相关功能的编辑。

在应用程序层所编写的代码，将通过运行时环境层（如果是独立开发系统，则是操作与通信系统层）进行编译，最后转化到基本软件层，以电平或者脉冲的方式在硬件系统中实现相关控制及功能的驱动。

4.2 基于 V 流程的软件开发实践

4.1 节主要讨论的是软件的架构问题，即面向 BMS 的软件设计需要完成哪些部件开发的问题。本节着重介绍的是软件开发的流程，就是在开发过程中先做什么再做什么的步骤问题。

一般地，BMS 的软件开发往往需要遵循 V 流程，即要经过需求分析—软件设计—软件实现三个阶段（见图 4-4），各个阶段的主要工作如下。

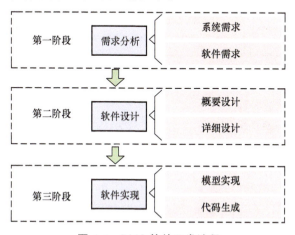

图 4-4　BMS 软件开发流程

第一阶段——需求分析。这个阶段根据 BMS 的功能、规格以及硬件的配置等，确定软件的总体需求，包括系统信息传输装置及接口情况、系统内部程序内容、程序处理逻辑、系统控制指令内容及传输接口情况等。在此基础上,将各类需求划分为各种软件模块,并进行相应的需求定义,规划软件实现流程。

第二阶段——软件设计。首先,在需求分析的基础上确定软件开发平台(如常用的 ADS、Keil 等),并确定软件的主体架构,完成概要设计;然后,根据主体架构完成各项信息接收、信息处理、状态判断、信息反馈及发送等功能的编写,实现软件的详细设计。

第三阶段——软件实现。完成软件设计后,根据需求定义对各项软件模型进行搭建,并通过测试、编译形成代码,烧录到 BMS 主控芯片中,完成整个软件开发过程。

以下将根据上述三个阶段的具体内容进行详细说明。

4.2.1 系统需求

BMS 的软件需要根据硬件设置进行设计。如图 4-5 所示,系统需求可以包括三个部分:

1)信息输入接口及输送内容。
2)信息处理及功能实现模块。
3)命令执行及信息发送内容。

以下将针对这三个部分进行具体说明。

图 4-5 BMS 的系统需求内容

1. 信息输入接口及输送内容

对于信息输入接口及输送内容来说,主要针对 BMS 所配备传感器的信号输入来进行系统需求分析。表 4-1 所示为信息输入接口及输送内容需求分析样表(部分),所包括的说明内容大体如下:

1)信号处理装置(传感器)的名称——说明该装置在系统中的作用。
2)与系统硬件的接口——说明该装置与硬件之间的连接方式。
3)处理装置的规格——说明该装置的适用范围或者使用形式。
4)功能原理及协议——让设计者了解该装置在使用、实现方法、数据传输等方面的相关定义。
5)实现方式——说明该装置在系统中是通过哪一种方法或者手段实现信息的传输。

第 4 章 BMS 软件设计

表 4-1 信息输入接口及输送内容需求分析样表（部分）

传感器	硬件接口	规格	功能原理及协议	实现方式	参数名
温度传感器	P3.2（CANL） P3.3（CANH）	NTC3950-100K	由子板进行温度采集，再通过 CAN 以报文的形式发送给主板 P3.2、P3.3。相关协议可见 BMS-CAN 协议设置	CAN	Te_n
电压传感器		PTC6802	由子板进行电压采集，再通过 CAN 以报文的形式发送给主板 P3.2、P3.3。相关协议可见 BMS-CAN 协议设置		ve_n
电流传感器	P1.1	HIT200	其与主板 P1.1 接口连接，其输出电压 [0, 5V] 与电流大小 [-200A, +200A] 存在正比关系。相关协议见主板芯片 P1.1 定义	电平高低转化为实际数值	Ie
绝缘传感器	P1.8	GYID2.2	其与主板 P1.8 接口连接，其输出电压 [0, 5V] 与电阻大小 [0, +50MΩ] 存在正比关系。相关协议见主板芯片 P1.8 定义	电平高低转化为实际数值	Re
碰撞传感器	P1.10	FXLS8964AF	其与主板 P1.10 接口连接，其输出电压 [0, 5V] 与加速度大小 [0, +100g] 存在正比关系。相关协议见主板芯片 P1.10 定义	电平高低转化为实际数值	Ae

注：本表内容由东莞钜威动力技术有限公司提供；本表还可根据实际情况增加不同内容。

通过信息输入接口及输送内容需求分析表，可以让系统软件设计人员了解各种传感器是如何与系统进行连接及信息传输，为数据采集软件的编辑提供了引导性的参考资料。

2. 信息处理及功能实现模块

这里所谓的"模块"，并不是单纯 1 个模块，而是 BMS 各个主体功能相应的功能模块。每个模块通过对输入信号的处理，可实现电池系统状态的评估、主体功能的控制、安全控制以及失效等级的预判等多项内容。表 4-2 为典型的信息处理及功能实现模块需求分析样表（部分）。

表 4-2 信息处理及功能实现模块需求分析样表（部分）

主体模块	子功能	功能描述	函数定义	备注
功能控制 （FUN）	热管理	（1）能通过温度信息，实现高温冷却，低温加热的功能，并达到温度预警功能 （2）高温冷却阈值≥38℃，低温加热阈值≤10℃；若温度≥42℃，则开启高温报警功能，发送高温报警指令；若温度≥48℃，则发出高温严重警告，发出系统停止指令 （3）只要系统有一温度传感器温度达到（2）所述条件，则执行相应功能 （4）热管理启动时间≤100ms	FUNReq_1	/

（续）

主体模块	子功能	功能描述	函数定义	备注
功能控制（FUN）	充电管理	（1）能通过单体电池电压检测，实现充电过程电压、电流控制，并根据电池温度信息，有效保障充电过程安全 （2）电池系统总电压安全区间 [220V, 370V]；单体电池充电电压区间 [2.2V, 3.7V]；若单体电池电压 ≤ 2.7V，充电电流为 10A；若单体电池电压在区间 [2.7V, 3.6V]，充电电流为 100A；若有单体电压 ≥ 3.6V，充电电流降低 1A，循环判断；若充电电流 ≤ 1A，停止充电；若单体电压 ≥ 3.7V，停止充电；若总电压 ≥ 370V，停止充电 （3）只要系统有一温度传感器温度 ≥ 42℃，停止充电，发出过温警报 （4）当单体电压 ≥ 3.6V，判断最高最低电压差是否超过 0.1V，若超过则执行均衡功能	FUNReq_2	/
功能控制（FUN）	放电管理	（1）能通过单体电池电压检测，实现放电过程电压、电流控制，并根据电池温度信息，有效保障放电过程安全 （2）电池系统总电压安全区间 [220V, 370V]；单体电池充电电压区间 [2.2V, 3.7V]；若单体电池电压 ≤ 2.7V，发出低压预警；若单体电池电压在区间 [2.7V, 3.6V]，按照正常使用进行；若有单体电压 ≥ 3.6V，发出单体高压预警，终止系统使用；若总电压 ≥ 370V，发出单体高压预警，终止系统使用 （3）若开启低功耗运行模式，当 SoC ≤ 30% 且油门踩踏深度 ≤ 70% 时，放电电流 ≤ 75A；其他情况参照正常情况进行线性调整 （4）放电过程全程执行热管理相关需求	FUNReq_3	/
状态评估（STATE）	SoC 评估	（1）应具有自行修正功能，充满为 100%，放空为 0% （2）有效区间在 [0, 100%]，由电芯 SoC 估算电池包 SoC 时需进行有效区间映射 （3）有效的温度范围在 [-20℃, 55℃] （4）SoC 估算误差值 ≤ 3% （5）采用卡尔曼滤波或者其他精度较高的算法	STATE_1	/
状态评估（STATE）	SoP 评估	（1）能通过动力电池总电压及总电流信息，计算瞬时及持续峰值功率预测 （2）电池系统总电压安全区间 [220V, 370V]；使用电流区间 [0, 300A] （3）瞬时功率算法参照规范算法进行 （4）持续峰值功率算法参照基于 SoC 约束的功率输出算法进行	STATE_2	/
状态评估（STATE）	SoH 评估	（1）采用电量累计法进行 SoH 评估 （2）SoH 评估区间 [0, 100%] （3）若 SoH ≤ 80%，开启电池性能衰退报警	STATE_3	/

第 4 章 BMS 软件设计

（续）

主体模块	子功能	功能描述	函数定义	备注
安全监管（SAFE）	故障检测	（1）单体电压若超出正常范围，视为故障 （2）若有单体电压信息接收错误，视为故障 （3）若电流信息接收错误，视为故障 （4）若温度信息接收错误，视为故障	SAFE_1	/
	故障管理	（1）单体电压若超出正常范围，发送警报，关闭主控电源接触器，禁止电池系统继续使用，但电池管理功能正常运作 （2）若有单体电压信息接收错误，发送警报，关闭主控电源接触器，禁止电池系统继续使用，但电池管理功能正常运作 （3）若电流信息接收错误，发送警报，关闭主控电源接触器，禁止电池系统继续使用，但电池管理功能正常运作 （4）若温度信息接收错误，发送警报，关闭主控电源接触器，禁止电池系统继续使用，但电池管理功能正常运作	SAFE_2	/
	状态管理	（1）系统开启时，进行故障检测及故障管理；若无故障，可开启预充电功能，正常使用电池系统 （2）使用过程，实现状态评估相关事项 （3）若电流 >0，执行热管理、放电管理事项；若电流 <0，执行充电管理事项 （4）执行绝缘电阻测试事项，若电阻 <$40 \times 10^3 \Omega$，则发送漏电警报	SAFE_3	/
失效等级预判（ASIL）	ASIL A 判定	（1）若存在单体电池温度 ≥ 42℃，或单体电池温度 ≤ 0℃，则为 ASIL A，发送安全防护警示，打开冷却或者加热功能 （2）若最高最低电压差超过 0.1V，则为 ASIL A，发送安全防护警示，打开均衡功能 （3）若 SoC<10%，则为 ASIL A，发送安全防护警示 （4）若 SoH ≤ 90%，则为 ASIL A，发送安全防护警示	ASIL_1	/
	ASIL B 判定	（1）若存在单体电池温度 ≥ 45℃，或单体电池温度 ≤ −5℃，则为 ASIL B，发送安全保护警示，关闭电池系统主电源接触器 （2）若检测到故障，则为 ASIL B，执行故障管理功能 （3）若 SoC = 0%，则为 ASIL B，发送安全保护警示，关闭电池系统主电源接触器	ASIL_2	/
	ASIL C 判定	（1）若存在单体电池温度变化率 ≥ 3℃/s，则为 ASIL C，发送安全保护警示，关闭电池系统主电源接触器 （2）若电压变化率 ≥ 0.3V/s，则为 ASIL C，发送安全保护警示，关闭电池系统主电源接触器 （3）若 SoC 下降速率 ≥ 10%/s，则为 ASIL C，发送安全保护警示，关闭电池系统主电源接触器 （4）绝缘电阻变化率 >$1 \times 10^3 \Omega/s$，则为 ASIL C，则发送漏电警报，在 10s 内关闭主电源接触器	ASIL_3	/

注：本表内容由东莞钜威动力技术有限公司提供；本表还可根据实际情况增加不同内容。

通过填写"信息处理及功能实现模块需求分析样表",一方面为软件需求的主体架构和相关软件功能提出了基本要求,软件开发者可根据分析表设计 BMS 软件的主函数及功能函数;另一方面,通过表格的整理,可以完善 BMS 相关功能,通过后期评估、测试查找软件缺漏,方便系统完整性的检查。

3. 命令执行及信息发送内容

命令执行及信息发送的内容,指的是根据信息处理及功能实现模块的输出结果,向芯片引脚发送相关控制指令或者数据,以实现硬件上的各项功能控制或者系统保护设计。根据输出信号的不同,命令执行和信号的输出大致可分为电平控制类和信息传输类两种,其需求分析样表(部分)可参考表 4-3。

表 4-3 命令执行及信息发送内容需求分析样表(部分)

功能	硬件接口	规格	功能原理及协议	实现方式	定义
远程传输	P4.2(RS485+) P4.3(RS485-)	IPEX	将 BMS 处理的信息(电池电压、电流、温度、SoC/SoP/SoH、故障情况等)通过远程模块发送出去。系统内采用 RS485 通信协议	RS485	/
数据存储	P4.4(RS232IN) P4.5(RS232OUT)	SD3.0	将 BMS 处理的信息(电池电压、电流、温度、SoC/SoP/SoH、故障情况等)存储在 SD 卡中。系统内采用 RS232 通信协议	RS232	/
接触器控制	P2.5(总正极) P2.6(总负极) P2.7(预充电) P2.10(充电)	TE200/TE100	根据 BMS 处理的信息(包括启动、系统故障、低能源等)发送指令控制主继电器关断	电平高低为实际数值	/
水泵控制	P2.8	DB44	根据 BMS 处理的结果(热管理)和水泵控制功能,向 P2.8 发送水泵启动信号	电平高低转化为实际数值	/
警报	P2.10	FXLS8964AF	根据 BMS 处理的结果(故障预警),向 P2.10 发送警报信号	电平高低转化为实际数值	/

注:本表内容由东莞钜威动力技术有限公司提供;本表还可根据实际情况增加不同内容。

命令执行及信息输送内容需求分析样表的主要功能在于将 BMS 对外控制的各项功能进行定义,说明相应的硬件接口、实现的原理及协议类型等。设计人员必须对照该样表才能对 BMS 命令执行端的软件进行正确的编辑,实现与需求相同的输出控制。

4.2.2 软件需求

在确定了系统总体需求之后,接下来需要明确软件需求,其必须遵循以下四个原则:
第一,必须明确、无歧义地确定用户对软件的需求。

第 4 章　BMS 软件设计

第二，软件需求的整理主要描述整个软件架构，不必涉及具体的实现方法。

第三，软件需求一方面是让客户能够理解，另一方面也是为开发人员进行概要设计时提供指导。

第四，一般需要输出一份软件需求报告，以供需求方及开发人员参考。

与系统需求一样，要对软件需求进行深入细致的调研及分析，准确地理解各项功能、性能、可靠性等具体要求，将各项系统需求转化为软件需求函数，从而为软件开发提供整体框架。对应于 4.2.1 节所述的系统需求，相应的软件需求框架可如图 4-6 所示。

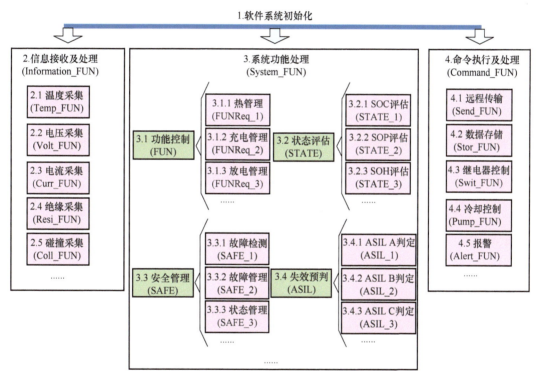

图 4-6　软件需求框架

软件需求框架可分为以下四个部分。

1）软件系统初始化。指的是对系统启动以及正常运作时所做的一些基本设置，包括软件内部所包含的文件，各种参数、函数的定义，还有主函数时间条件、存储条件、硬件接口等运行管理的相关设置要求。

2）信息接收及处理。主要对于外部输入的信息进行处理，如对电压、电流、温度等基本信息进行接收设置及数据转化。

3）系统功能处理。指的是对系统的各种功能的具体内容进行定义，侧重于阐述各个功能的主要类型，以及每个类型下所包含的处理内容。

4）命令执行及处理。主要定义系统功能处理的结果以何种方式进行输出。一般包括两类：一类是对相关用电设备的控制，如继电器的控制、警报、灯光等，这类一般采用高低电平的方式输出；另一类是相关信息的发送或存储，如数据存储、信息远程发送等，这类一般采用具有一定规则的脉冲形式输出，类似 CAN、RS232、RS485 等通信方式都是采用这种形式进行输出。

根据上述软件框架，可以将软件划分为若干部分（如上述的四个部分），每个部分包括不同的函数（如每部分中的各项功能或者子项目）。设计过程对这些函数分别进行编辑，这样方便软件的编写、修改和查看。

对于软件中的各个功能或者子项目，还需分别进行功能/子项目需求分析，现以 SoC 估算为例，可以生成如表 4-4 所示的子项目需求分析内容。

表 4-4　SoC 估算的软件需求分析样表

需求序号	内容	相关函数
STATE_1_01	使用卡尔曼滤波方案	STATE_1
STATE_1_02	静态修正策略：每次静态启动或者搁置，由于没有电流响应，采集电压会趋向于 OCV，扩展卡尔曼滤波器中集成 OCV 参数表，估算 SoC 与以 OCV 对应的 SoC 作为目标进行追踪，自动收敛至真实值	STATE_1 Volt_FUN Curr_FUN
STATE_1_03	满充修正策略：最高单体电压达到充电截止电压 4.15V（TBD），且请求电流为 10A（TBD），那么 SoC 修正到 100%	STATE_1 Volt_FUN Curr_FUN
STATE_1_04	真实 SoC 和显示 SoC 关系： - 显示 SoC = f(真实 SoC) - 真实 SoC 小于或等于 3%，显示 SoC 调整为 1% - 真实 SoC 等于 0%，显示 SoC 调整为 0% - 放电状态下，真实 SoC 大于或等于 99.1%，显示 SoC 调整为 100% - 充电状态下，显示 SoC 按计算值上报，不调整	STATE_1 Volt_FUN Curr_FUN
STATE_1_05	上报的真实 SoC 和上报的显示 SoC 采用四舍五入（如 50.1% 上报 50%，49.5% 上报 50%）	STATE_1
STATE_1_06	电池系统 SoC 根据单体中最高 SoC 和最低 SoC 加权处理得到	STATE_1
STATE_1_07	各种工况下，全 SoC 范围、全温度（-20 ~ 55℃）范围内 SoC 估算误差 ≤ 3%	STATE_1

注：本表还可根据实际情况增加不同内容。

表 4-4 分别对 SoC 的评估方法、修正策略、误差要求、上报规则等进行了详细的定义，并说明这些要求所涵盖的相关函数，为设计人员进行软件编写提供详细的依据。

4.2.3　概要设计

在完成前面两个步骤之后，通过对软件进行概要设计，用于实现软件各功能模块的划分以

第 4 章 BMS 软件设计

及对每个模块下面所包括的函数进行定义。

如图 4-7 所示，软件概要设计其实是对软件的主体及大概框架进行设计，首先确定主体软件所要包括的关联文件，其次就是确定软件的运作流程，包括系统初始化、信息接收及处理、系统功能处理、命令执行及处理等。

```
#include "config.h"  //软件内部定义文件
#include "define.h"  //软件内部定义文件
#include "informationfun.h"  //信息接收及处理头文件
#include "systemfun.h"  //系统功能处理头文件
#include "commandfun.h"  //命令执行处理头文件
#include "wdt.h"  //系统设计文件
#include "LPC3XXXCAN.h"  //系统设计文件
//主函数(概要函数)
int main(void)
{
    init_all();
    while (1)
    {
        WDTFeed();           // 系统初始化函数      →  头文件 wdt.h
        Information_FUN();   // 信息接收及处理函数  →  头文件 informationfun.h
        System_FUN();        // 系统功能处理函数    →  头文件 systemfun.h
        Command_FUN();       // 命令执行及处理函数  →  头文件 commandfun.h
    }
    return (0);
}
```

图 4-7　软件概要设计架构

对于图 4-7 中的函数，可以包含在系统主文件中，也可以独立于系统文件另起函数文件，但另起函数文件的前提是在主函数文件中要将另起函数文件的名称包含进去（如信息接收及处理函数包含于"informationfun.h"头文件中）。

每个函数的内容可以如图 4-8 所示进行概要设计。考虑到目前 BMS 多数编码都是以 C 语言为主，且在 ADS 或者 Keil 开发平台上进行，遵循 C 语言编程架构，可将函数的处理文件划分为头文件和 C 文件，其中头文件主要对所负责功能的函数、宏、结构体等进行声明及定义，而 C 文件则针对头文件的各项定义，用规范的程序语言表达函数功能的实现逻辑。

通过将系统分为多个部分、若干子函数，其输出文档可参考图 4-8，各部分下的各种子函数都会包含在两类文件（.h 文件和 .c 文件）中。通过 .h 文件和 .c 文件，可以将各子函数的运行逻辑进行实现。

通过概要设计，可以将软件系统的组成的大致框架清晰地进行展现，利于指引软件详细设计。

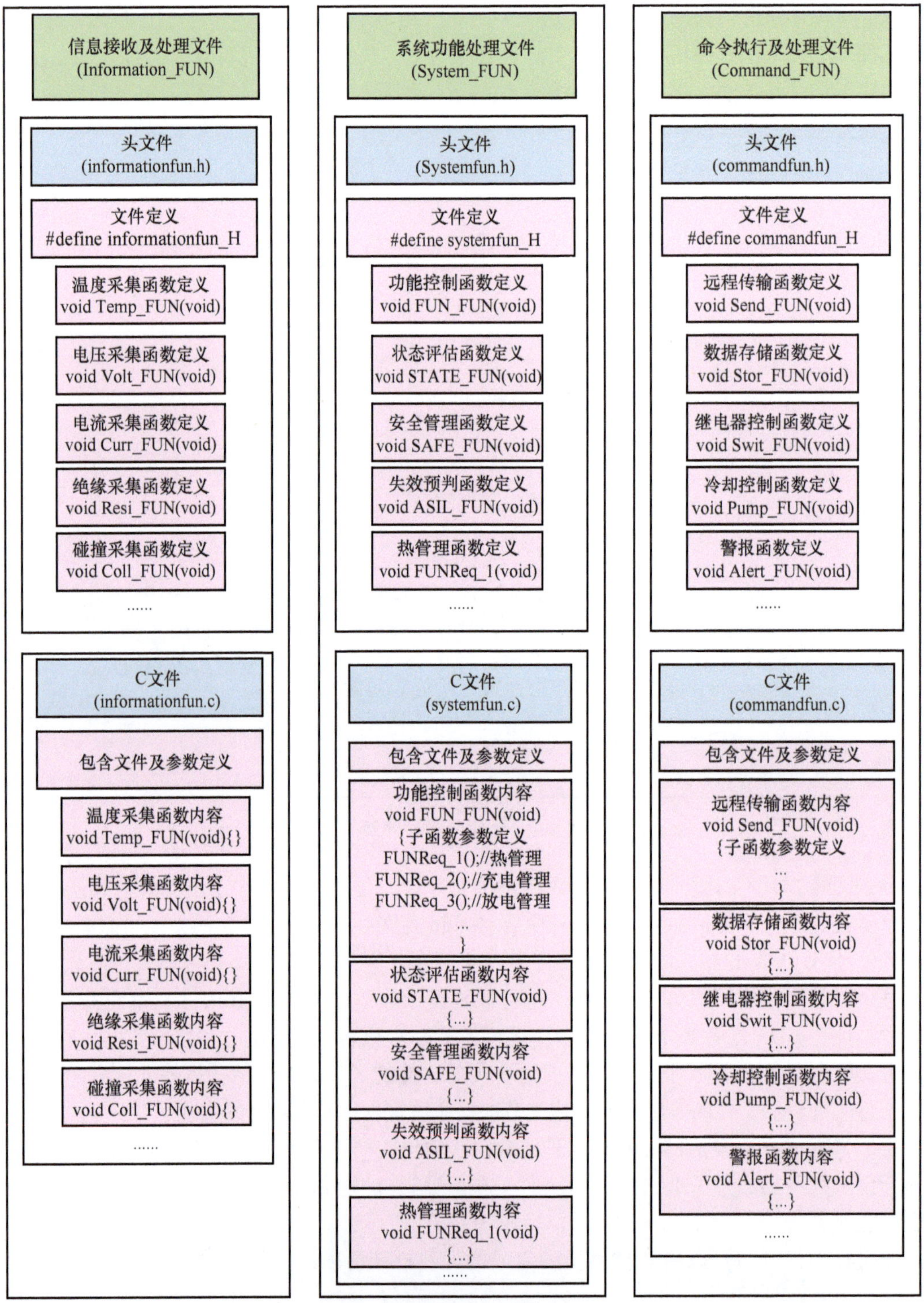

信息接收及处理文件 (Information_FUN)

头文件 (informationfun.h)

文件定义
#define informationfun_H

温度采集函数定义
void Temp_FUN(void)

电压采集函数定义
void Volt_FUN(void)

电流采集函数定义
void Curr_FUN(void)

绝缘采集函数定义
void Resi_FUN(void)

碰撞采集函数定义
void Coll_FUN(void)

……

C文件 (informationfun.c)

包含文件及参数定义

温度采集函数内容
void Temp_FUN(void){}

电压采集函数内容
void Volt_FUN(void){}

电流采集函数内容
void Curr_FUN(void){}

绝缘采集函数内容
void Resi_FUN(void){}

碰撞采集函数内容
void Coll_FUN(void){}

……

系统功能处理文件 (System_FUN)

头文件 (Systemfun.h)

文件定义
#define systemfun_H

功能控制函数定义
void FUN_FUN(void)

状态评估函数定义
void STATE_FUN(void)

安全管理函数定义
void SAFE_FUN(void)

失效预判函数定义
void ASIL_FUN(void)

热管理函数定义
void FUNReq_1(void)

……

C文件 (systemfun.c)

包含文件及参数定义

功能控制函数内容
void FUN_FUN(void)
{子函数参数定义
FUNReq_1();//热管理
FUNReq_2();//充电管理
FUNReq_3();//放电管理
…
}

状态评估函数内容
void STATE_FUN(void)
{…}

安全管理函数内容
void SAFE_FUN(void)
{…}

失效预判函数内容
void ASIL_FUN(void)
{…}

热管理函数内容
void FUNReq_1(void)
{…}
……

命令执行及处理文件 (Command_FUN)

头文件 (commandfun.h)

文件定义
#define commandfun_H

远程传输函数定义
void Send_FUN(void)

数据存储函数定义
void Stor_FUN(void)

继电器控制函数定义
void Swit_FUN(void)

冷却控制函数定义
void Pump_FUN(void)

警报函数定义
void Alert_FUN(void)

……

C文件 (commandfun.c)

包含文件及参数定义

远程传输函数内容
void Send_FUN(void)
{子函数参数定义
…
}

数据存储函数内容
void Stor_FUN(void)
{…}

继电器控制函数内容
void Swit_FUN(void)
{…}

冷却控制函数内容
void Pump_FUN(void)
{…}

警报函数内容
void Alert_FUN(void)
{…}

……

图 4-8 函数概要设计架构示例

第 4 章　BMS 软件设计

4.2.4　详细设计

软件的详细设计是在概要设计的基础上进行的，实际上就是将概要设计中所定义好的各个文件内容进行填充，其流程如图 4-9 所示，主要包含以下 4 个步骤。

1）软件设计平台选择及工程建立。软件详细设计首先要对软件编辑的平台进行选择。一般系统处理芯片都有相应的软件开发平台，如 STM32 芯片可以在 Keil MDK 上进行编译，也可以在 IAR 上进行编译。因此在选择软件设计平台时，一方面要了解芯片所支持的开发平台，另外一方面还要针对设计开发人员对各种平台的熟练程度，从中选择对设计开发有利的平台，并将其安装在 PC 上。由于当前任何一款软件开发平台，其都具备较多的芯片库，这些库已经将芯片的基本层软件、运行时环境层或者操作通信系统层的软件配置好，因此在开发平台上建立软件工程前必须根据 BMS 软件的需求，利用芯片库对芯片的配置以及内存等进行设置，以方便后续软件开发对于芯片引脚、内部处理逻辑、通信操作等运作进行定义及控制。考虑在软件设计及运行过程中，会调用一些常用的函数或者资源库，所以在完成芯片选择和配置之后，还需将所用的函数库包含进系统开发文件中。考虑所编译的软件能够将相关代码烧录进芯片中、后续修改的方便性及软件的保密性等因素，在工程配置中还需设置执行文件输出格式（如生成 exe 文件、HEX 文件等）。完成了上述工作之后，再建立工程（Project），进行软件开发编写。

2）设计主函数文件。主函数文件是软件运行的主线，本项工作首先是在新建工程项目中添加主函数文件，对其进行命名，并参考软件概要设计，对主函数所需的包含文件进行编辑。然后，针对系统参数进行定义，并在文件中设置主函数。考虑软件运行的流程，在主函数中将软件所涉及的各个功能或者逻辑的具体内容或者函数进行编辑。为了方便软件调试以及后续系统升级，一般会将不同功能或者逻辑作为独立模块，每个模块分别由不同的模块文件或者独立函数构成，这样可以直接在模块文件或者独立函数中对该功能或逻辑进行更改，无需对整个系统进行改动，因此，针对各个功能或者逻辑的模块/函数划分、命名及定义也是主函数设计阶段一项非常重要的工作。

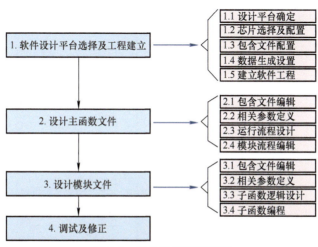

图 4-9　软件详细设计流程

3）设计模块文件。在主函数文件完成模块划分之后，需要根据各个模块具体的运行逻辑对相应的模块文件具体内容进行编写。与主函数文件相类似，首先针对模块要实现的功能所需的文件进行包含设置，定义相关的功能参数；考虑模块要实现功能的运行逻辑，开展子函数编程后完成模块文件设计。

4）调试及修正。在完成模块设计之后，为确保各软件功能的正确性及合理性，必须采取一定的方式进行调试。根据调试的范围可分为局部调试及总体调试。局部调试是指采取一定的手段，对每个模块的功能、定义，甚至语法表达、逻辑结果进行测试，验证各种软件编辑的合理性和逻辑性，并针对调试过程所出现的问题进行相应的修正，这种方法是软件开发过程中一项常见的操作。总体调试则是在完成各项子模块、功能等的局部调试基础上进行，可以采用功能仿真、数据监测、结果等效等方式验证软件系统整体结构的完整性和逻辑架构的合理性，并针对验证过程的不足进行相应的完善。

上述软件详细设计过程中，有几个问题可能会影响到软件设计的效果，下面分别进行讨论。

1）软件编写的规范性及正确性。软件编写的规范性和正确性是软件编程首要掌握的基本技巧，这对初学者来说是一个需要长期锻炼的过程。在软件设计过程中，语句编写的格式必须严格参照软件所用语言的规范，否则会导致软件无法正常编译。

2）软件相关文件设置及参数定义的正确性。软件相关文件的设置要与软件的功能、逻辑架构相对应。以信息接收及处理的软件程序为例，如图 4-10 所示，设计过程中要注意头文件及 C 文件名称一致，头文件中的函数定义与 C 文件的函数也必须相对应，此方面相关注意事项可以参考 C 语言软件设计的文件结构及命名规范。

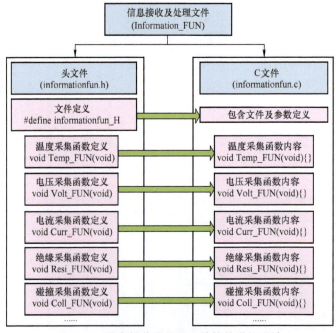

图 4-10　信息接收及处理文件软件详细设计

3）软件功能逻辑的严密性。软件设计主要的内容在于将各项功能实现，若功能逻辑出现问题，可能会使软件运行发生错误，甚至导致系统崩溃，因此功能逻辑的严密性是软件开发过程至关重要的环节。为保证功能逻辑的严密性，通常在设计前绘制软件系统流程图，确保逻辑流程正确无误后，根据流程图开展软件设计，最后会采用一定的方法，通过局部调试来验证软件各功能的正确性。

4.2.5 软件的测试验证

在完成软件详细设计后，须通过测试以验证软件设计的正确性。一般地，可以分为算法验证、功能验证、系统验证等。

1. 算法验证

算法模块在 BMS 软件系统中，属于涉及各种参数运算、数据转换等应用的核心部分。验证的基本手段一般是利用所采集到的数据用例，输入给算法模块，通过判断输出结果是否正确来验证算法的有效性。

算法一般可以分为基本计算部分和修正部分，以基于卡尔曼滤波的 SoC 算法为例，基本计算部分指通过卡尔曼滤波初始化及迭代求解电池 SoC 初始值的过程；修正部分则是根据实际的环境状态（如外界温度、电池劣化情况、充放电电流的影响等），结合卡尔曼滤波算法，对 SoC 的求解结果进一步地完善，由此获得更高精度的 SoC 评估值。因此，算法的实现，一方面是根据原设定的算法实现流程进行软件编写，并利用一定的手段模拟系统运行，判断所编写算法的正确性及精确性。若验证过程算法逻辑正确，但实现效果不理想，则需修改算法或者在算法基础上进行优化，再进行验证，直至算法模块达到设计要求为止。

2. 功能验证

功能验证是为了测试系统某一功能是否能有效实现而进行的工作，与算法验证不同，功能验证关注的是各项功能能否正常地执行，而算法验证关注的是计算精度是否满足设计要求。以温度监控功能为例，该功能要求通过接收温度传感器发送过来的信息，根据预定的代码对信息进行解析，判断温度是否在系统使用的安全范围内，若超出安全范围，则必须发送电池预警或者系统暂停指令，进而实现温度监控功能。因此，功能模块的实现，侧重于对信息分析及判断的结果进行验证，一般将所发送的指令与验证条件比较，判断其结果是否符合验收设定的思路。

3. 系统验证

系统验证是在完成各项子函数、功能、算法的基础上，根据概要设计中的系统架构将所有的模块进行整合，经过联合调试，实现系统要求的效果。系统整体目标能否顺利实现，取决于系统架构及各子函数接口设计的合理性。若架构、接口设计出现问题，会导致系统各种操作指令紊乱，甚至造成系统崩溃，无法保障系统安全。因此，系统架构及各子函数接口设计的合理性是系统整体测试、验证的关键。为了减少实物验证的成本并提高验证的效率，一般会采用虚拟的条件及指令，或者利用模拟器等对系统软件开展整体验证。整体验证过程，一般要根据系统需求的内容，分别采用不同的测试实验对软件系统各个功能、模块进行验证。通过系统验证发现软件系统的缺陷，并采取一系列优化措施来完善系统架构，确保软件能够正常、实时地运行。

4.2.6 程序的下载及烧录

通过软件的概要设计、详细设计及测试验证之后，可以将程序编译生成二进制码，烧录于 BCU 主控芯片中，然后结合硬件进行 BMS 整体的实物测试与验证。

对于编译及程序烧录的方式，目前大致分为两类：第一类，利用下载器连接计算机与 BCU 的电路板，直接在软件平台上进行编译烧录；第二类，在软件平台上对软件进行编译、生成机器码，采用烧录器将机器码内容烧录进 BMS 主控芯片中。分别以 STM32 及 LPC2×××主控芯片为例，阐述这两类主控芯片的编译及程序烧录操作。

1. 以 STM32 为主控芯片程序烧录流程

STM32 是当前比较热门的嵌入式开发芯片，传统的 STM32 软件平台多以 Keil 为主，其程序烧录的设备多以 STlink 或者 Jlink 下载器为主，如图 4-11 所示。

以 STlink 为例，其编译及程序烧录的步骤如下：

1）在 PC 上安装 STlink 驱动程序，并通过 STlink 将 PC 及 BCU 电路板进行连接，如图 4-12 所示。

图 4-11　STlink 及 Jlink　　　　图 4-12　STlink 连接

2）在 Keil 平台上，对已编辑软件进行编译，若显示编译成功，则按下下载（Load）按钮（见图 4-13），在 STlink 驱动及 PC 对 STlink 正确识别的前提下，软件平台将会把已编辑软件机器码烧录进主控板上（其结果可以在软件平台状态栏进行查询）。

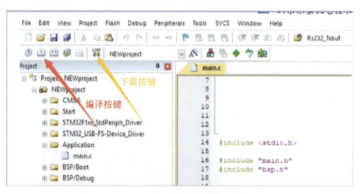

图 4-13　软件平台编译及下载

2. 以 LPC2××× 为主控芯片程序烧录流程

LPC2××× 是另一类常用的嵌入式芯片，在软件开发阶段通常可以采用烧录器（见图 4-14）将已编辑的软件以机器码的形式烧录到主控芯片中。利用烧录器实现程序烧录通常有两种方法：第一种是将嵌入式芯片直接放置于烧录器芯片固定位中并进行紧锁，烧录器通过数据线与 PC 相连，由特定的烧录软件读取编译后所得的机器码，并下载到芯片中完成程序烧录；第二种是利用烧录器上配备的数据传输接口，根据接口定义与芯片所在电路板的烧录接口对接，并使用烧录软件完成机器码烧录。

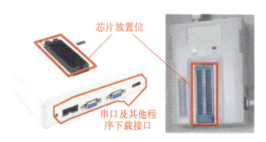

图 4-14　两种不同的烧录器

值得注意的是，将芯片固定于烧录器中进行机器码烧录的方式，适合于系统硬件电路板尚未完善，但需提前定制芯片程序的应用场景，有利于保证 BMS 产品的规范化生产和程序的保密性，但不利于软件后续的改动及升级。利用烧录器的数据传输接口实现机器码烧录的方式，有利于软件后续的改动及升级，但其保密功能相对较弱。因此，软件设计者应该根据产品的实际情况，选择不同的机器码烧录方法，以保证产品能够顺利、安全地开发出来。

4.3　BMS 软件的各项核心功能开发

4.2 节针对软件开发实践流程进行了说明，本节将对 BMS 软件中各项主要功能开发细节进行具体介绍。

4.3.1　BMS 软件的核心功能概述

由 4.2.1 节可知，BMS 软件所要实现的功能可以分为以下三类。

1）信息采集类。此类功能主要通过接收传感器的信号，将其转化为其他软件模块可以处理的数据或者其他功能函数的相关参数，并保存到内存中。典型的信息处理对象包括温度信息、电压信息、电流信息等。

2）信息处理类。此类功能是根据采集或接收到的信息，通过一定的方法进行分析、运算，实现对电池系统的监测、评估、判断等功能。一般地，SoC 估算、SoP 估算、SoH 估算、热管理、充放电管理、故障检测、故障管理等，都属于此类。

3）指令输出及外部设备控制类（简称控制类功能）。指的是在信息处理类功能的基础上，根据电池管理的要求，通过指令的发送或者引脚驱动输出，实现对外部设备的控制目的。如根据电池状态，实行对电源继电器的控制或者警报控制、水泵控制等，又如将相关数据发送给远程控制中心以达到在线监测的目的等。

以下将针对各类型的软件功能开发进行详细说明。

4.3.2 电池数据采集软件的开发

BMS 电池数据采集,最基本的要求包括温度数据、电压数据、电流数据以及 BMS 子板与主板之间的数据传输,各类数据采集的软件开发流程如下。

1. 温度数据采集

利用温度传感器对环境或者电池箱内部进行温度采集,其原理如图 4-15 所示。传感器所采集的温度信息往往以电压信号的形式,按照一定的时序发送给信息处理器。在处理器中,对每一个电压信号进行 A-D 转换,并把转换结果存储在寄存器中。编写这部分软件时,要设置一个存储器地址,用于保存从寄存器中读取到的温度数据;同时,通过对定时器进行设置,使得处理器可以根据所设定的时间周期重复上述步骤,对温度数据不断进行采集,刷新存储器中的温度读数。

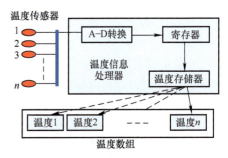

图 4-15 温度数据采集原理

温度信息采集软件的设计流程如下:

1) 设置温度数据采集刷新时间、每个温度传感器信息处理时间,定义温度寄存器名称、温度数组地址或变量。

2) 根据温度传感器数量,设计温度数据存储循环代码。

3) 在寄存器中读取温度传感器信息,并将信息复制到循环数值相应地址的存储器中。

4) 根据刷新时间,重复步骤 2)、3)。

值得注意的是,一般芯片会标注用于存储温度信息的寄存器位置,否则就需要参考芯片的使用说明书进行定义。表 4-5 为某芯片温度信息寄存器设置情况,软件开发者必须参考芯片对温度信息寄存器的位置及定义开展该温度信息采集的软件编写。

表 4-5 某芯片温度信息寄存器位置及定义

寄存器名称	读/写定义	BIT7	BIT6	BIT5	BIT4	BIT3	BIT2	BIT1	BIT0
TMPR0	读	ETMP1[7]	ETMP1[6]	ETMP1[5]	ETMP1[4]	ETMP1[3]	ETMP1[2]	ETMP1[1]	ETMP1[0]
TMPR1	读	ETMP2[3]	ETMP2[2]	ETMP2[1]	ETMP2[0]	ETMP1[B]	ETMP1[A]	ETMP1[9]	ETMP1[8]
TMPR2	读	ETMP2[B]	ETMP2[A]	ETMP2[9]	ETMP2[8]	ETMP2[7]	ETMP2[6]	ETMP2[5]	ETMP2[4]
TMPR3	读	ETMP3[7]	ETMP3[6]	ETMP3[5]	ETMP3[4]	ETMP3[3]	ETMP3[2]	ETMP3[1]	ETMP3[0]
TMPR4	读	REV[2]	REV[1]	REV[0]	THSD	ETMP3[B]	ETMP3[A]	ETMP3[9]	ETMP3[8]

注:该芯片有五个寄存器(TMPR0~TMPR4),每个寄存器有八位,共可以存储三组温度值信息,这三组温度值信息的定义分别为 ETMP1、ETMP2、ETMP3 三个数组,每个数值由八位十六进制代码表示,前两位代表实际温度值,温度范围为 [-20℃, 100℃],温度代码范围为 [00, 78]。

第 4 章　BMS 软件设计

2. 电压数据采集

利用电压采集芯片对电池组中各串联部分的节点进行电压采集，其原理如图 4-16 所示。与温度采集相似，电压传感器所采集的数据以电压信号的形式，按照一定的时序依次进行 A-D 转换，并把转换结果存储在寄存器中。编写软件时，需要通过读取寄存器内容，将数据存储在已经设定好的电压信息数组中。同时，通过定义电压采集的周期和精度，实现电压数据的实时更新。

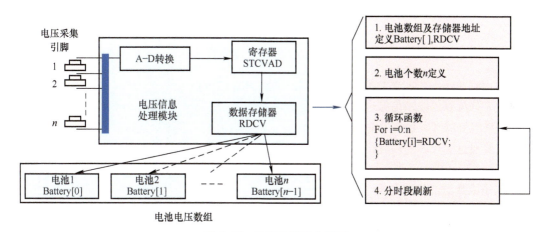

图 4-16　电压数据采集原理

电压信息采集软件的设计流程如下：

1）设置电压数据采集数据精度、每个电压采集接口的信息处理周期，定义电压数据存储器名称（如图 4-16 中 RDCV）、电压数组 Battery[n]。

2）根据电压采集接口数量 n，建立电压数据存储循环代码。

3）在循环体的内部，将电压寄存器内容复制到相应的电压数组中。

4）根据刷新时间，重复步骤 2）、3）。

与温度信息的采集相似，用于存储电压信息的寄存器（如图 4-16 中的 STCVAD）地址在芯片上会标注，开发者在编写软件之前也要详细了解所用芯片对电压信息提取的相关指引。

3. 电流数据采集

根据 3.4.2 节，BMS 通常利用霍尔传感器或者分流器对系统中电流信息进行数据采集，其原理如图 4-17 所示。霍尔传感器或分流器所采集到的电流信息，会以电压信号的形式传输给 BCU 中的电流信息处理模块，模块将对电压信号进行 A-D 转换并把结果存储于寄存器（CAID）中，通过设置数据存储器（CCID）地址，将寄存器（CAID）内的数据复制到存储器（CCID）中并赋值给电流变量（Current），从而获得某一时刻的电流信息。由于电流采集需要一定的时间，通过设计比电流采集所需时间更长的信息采集周期，在每个周期内读取电流信息，实现电流信息刷新。

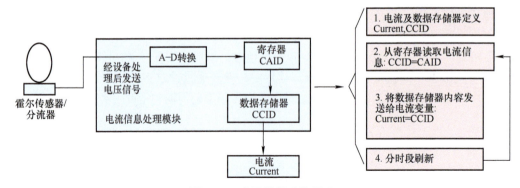

图 4-17 电流数据采集原理

需要说明的是，经过 A-D 转换后的数值，往往并非电池组工作电流的真值，需要根据霍尔传感器或者分流器的输入信号进行解析，得到输入信号与实际电流数值之间的关系式，转换之后才能获得电流的真实数值（单位是 A）。此外，由于电流采集频率会直接影响电池状态评估精度，一般要通过主控芯片的优化选择和电流采集周期的优化设置以提高电流数据采集的准确性及时效性。

4. 将子板数据汇总到主板

在 3.3 节中，如果车用 BMS 采用的是总线型的拓扑结构，往往采取多子板＋主板的模式进行连接，如图 4-18 所示。在这种拓扑结构下，需要实现子板之间的数据进行传输并汇聚到主板。对于车用 BMS 而言，一般多采用 CAN 总线的方式以实现各子板与主板之间的数据传输。

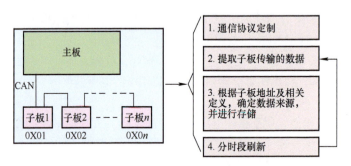

图 4-18 子板与主板连接及数据汇总

为使子板和主板之间数据传输更加稳定、可靠，必须制定通信协议以规范传输数据的格式。这里以某个实际项目的通信协议为例进行说明。在该通信协议中，每个字段由 14 位的十六进制码组成，其中每一位十六进制码均有特定的含义，如图 4-19 所示。

根据图 4-19，当 BMS 主板收到子板传输过来的通信字段时，将会对字段结构进行解析：首先从字段中提取子板的地址，其次由电池地址位信息确定此报文字段所代表的子板上那个串联点，最后再从其他十六进制位提取具体的电压、温度等数据。

第 4 章　BMS 软件设计

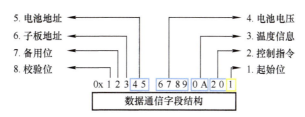

图 4-19　某项目通信协议中的字段结构

依据上述协议开发出了某款 BMS，其子板地址及电池地址的编号见表 4-6。该 BMS 由 7 块子板组成，因此表中数据第三位最大值为 7；每块子板对 5 个电池进行监控，每个电池的序号从 0 开始编码，所以表中数据第四位最大值为 4。

表 4-6　子板及电池地址的编号

	1 号子板	2 号子板	3 号子板	4 号子板	5 号子板	6 号子板	7 号子板
电池 1	0x0010	0x0020	0x0030	0x0040	0x0050	0x0060	0x0070
电池 2	0x0011	0x0021	0x0031	0x0041	0x0051	0x0061	0x0071
电池 3	0x0012	0x0022	0x0032	0x0042	0x0052	0x0062	0x0072
电池 4	0x0013	0x0023	0x0033	0x0043	0x0053	0x0063	0x0073
电池 5	0x0014	0x0024	0x0034	0x0044	0x0054	0x0064	0x0074

通过子板和电池地址的编号，在采集过程中，就可以通过代码中的子板及电池地址位信息确定当前每个串联电池 / 模组的基本信息，并通过软件运算获得某个电池的实际状态信息，供 BMS 的其他软件模块使用。

4.3.3　电池系统控制功能开发

电池系统的控制功能，指的是对所采集到的电池信息进行分析，确定电池系统的当前控制策略，并生成相关状态控制指令。一般地，设计电池系统的控制功能的前期，需要绘制控制流程图，在确定控制流程的正确性后再编写相关的软件。

典型的 BMS 控制功能包括热管理、充电管理、放电管理、电池系统效率监测及管理等，以下分别进行介绍。

1. 电池系统热管理

"热管理"原本是一个广义的概念，包括电池包的散热设计、各种加热及散热装置的配置等；而此处的"热管理"特指热管理控制的软件，它是电池系统安全管理的重要控制功能之一。基本的热管理功能，可以通过对采集到的温度信息进行分析，判断系统当前所处的温度区间，并据此采取相应的控制措施。

通常，热管理可以分为高温保护及低温控制两类，其管理内容及温度的对应关系如图 4-20 所示。

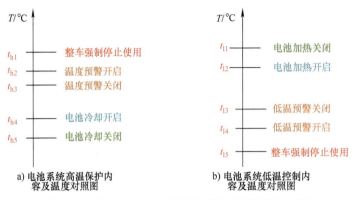

图 4-20 电池系统高温保护和低温控制及温度对照

由图 4-20 中可见，高温保护可分为系统冷却关闭 / 开启、高温预警关闭 / 开启、系统强制停止等动作；而低温控制则可分为系统加热关闭 / 开启、低温预警关闭 / 开启及系统强制停止等动作。相关的温度阈值为 t_{hi}、t_{li}（$i = 1、2、\cdots、5$）。这些温度阈值需根据电池本身的特点进行设置，可参考电池厂商所提供的说明文档。

一个典型的电池系统热管理软件流程如图 4-21 所示，其主要设计思路如下：

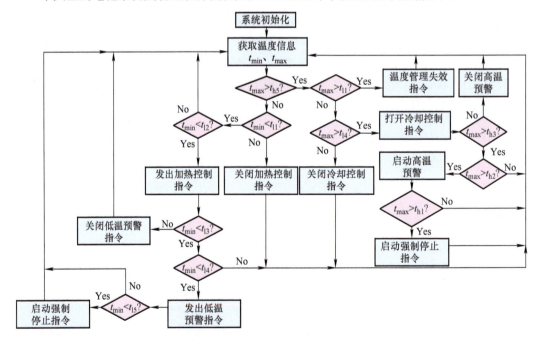

图 4-21 电池系统热管理软件流程

1）对系统进行初始化，定义当前整个电池系统的最高温度 t_{max}、最低温度 t_{min}，以及各个高

温控制阈值 t_{hi}（$i=1、2、…、5$）和各个低温控制阈值 t_{li}（$i=1、2、…、5$）。

2）通过电池数据采集模块获得电池系统所有温度传感器信息，并计算当前整个系统的温度最高值 t_{max}、温度最低值 t_{min}。

3）判断 t_{max} 是否大于 t_{h5}，若是，进行步骤4）；若不是，进行步骤9）。

4）判断 t_{min} 是否小于 t_{l1}，若是，发送温度管理失效指令，并返回步骤2）；若不是，进行步骤5）。

5）判断 t_{max} 是否大于 t_{h4}，若是，打开冷却控制指令，并进行步骤6）；若不是，关闭冷却控制指令，并返回步骤2）。

6）判断 t_{max} 是否大于 t_{h3}，若是，进行步骤7）；若不是，关闭高温预警指令，并返回步骤2）。

7）判断 t_{max} 是否大于 t_{h2}，若是，启动高温预警指令，并进行步骤8）；若不是，返回步骤2）。

8）判断 t_{max} 是否大于 t_{h1}，若是，启动强制停止指令，并返回步骤2）；若不是，返回步骤2）。

9）判断 t_{min} 是否小于 t_{l1}，若是，进行步骤10）；若不是，关闭加热控制指令，并返回步骤2）。

10）判断 t_{min} 是否小于 t_{l2}，若是，发出加热控制指令，进行步骤11）；若不是，返回步骤2）。

11）判断 t_{min} 是否小于 t_{l3}，若是，进行步骤12）；若不是，关闭低温预警指令，返回步骤2）。

12）判断 t_{min} 是否小于 t_{l4}，若是，发出低温预警指令，并进行步骤13）；若不是，返回步骤2）。

13）判断 t_{min} 是否小于 t_{l5}，若是，启动强制停止指令，并返回步骤2）；若不是，返回步骤2）。

以上是比较简单的热管理流程，为了更好地对电池系统进行安全控制，避免热管理控制"一刀切"，提高电池利用效率，面向电池特性的热场分布预测方法以及分散式热管理模式也逐渐被BMS厂商所采用。但落实到具体每个监测点或者局部模块的热管理控制，则均与上述流程相似，此处不再赘述。

2. 电池系统充电管理

充电管理指的是在电池充电过程中对充电电压、充电电流进行控制的过程。控制的目标主要包括充电电流的实时设置，以及充电饱和度的设定等两个方面。

电池充电的模式通常有三种：恒流充电模式、恒压充电模式及变电流充电模式。对每种模式下控制流程的设计分述如下。

（1）恒流充电控制

恒流充电是指在电池允许的最大充电电流条件下，设置恒定的电流对电池进行充电的过程。在充电过程中，电流的大小可由充电操作员根据电池的性能、充电饱和情况进行设定，也可通过BMS对电池状态进行监测，并根据充电机实际输出能力来确定。恒流充电的截止条件通常是根据串联单体的充电截止电压进行判断：若电池系统中某一串联单体电池或者模块工作电压大于充电截止电压,则需停止恒流充电。

恒流充电的控制流程如图 4-22 所示。

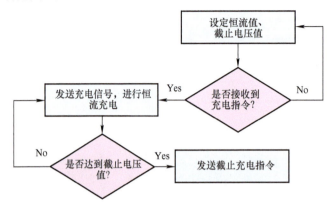

图 4-22　电池系统恒流充电控制流程

结合图 4-22,恒流充电控制的软件设计思路如下:

1)定义恒流充电值 I、单体电池截止电压值 U_{stop}。

2)判断系统是否接收到充电指令,若是,进行步骤 3);若不是,返回步骤 1)。

3)发送充电启动信号,让充电机以电流 I 进行充电,进行步骤 4)。

4)对单体电池电压进行监控,判断单体电池最大电压值 U_{max} 是否大于 U_{stop},若是,进行步骤 5);若不是,返回步骤 3)。

5)发送截止充电指令,停止充电。

(2)恒压充电控制

恒压充电模式,是指当电池在充电过程中,电压达到某一程度后,采用保持恒定电压、减小充电电流的方法。值得注意的是,恒定电压值不能大于电池系统的充电截止总电压,否则将会导致电池过充。

控制恒压充电停止的基本思路为:若充电电流小于某一阈值,可认为电池系统在该电压下的能量储备基本饱和,因此终止恒压充电。在设计控制软件时,通常可以根据电池情况而设定某个较小电流值(如充电电流小于 0.01C)作为结束恒压充电的判断条件。

实际上,从恒压充电的描述可知,恒压充电是在恒流充电结束之后才进行的,可以视作恒流充电后期的补充。如果一开始就启动恒压充电,可能会由于充电电流过大而导致电池损坏。因此恒压充电一般会配合恒流充电,应用于电池充电末期,即当电池系统电压达到充电截止总电压时,将恒流充电模式切换为恒压充电模式。整个完整的充电控制过程也被称为"恒流—恒压"充电过程。

相比单纯的恒流充电方式,"恒流—恒压"充电方式可以令电池在完成较快速的恒流充电之后进入涓流补电状态,从而使得电池在安全的前提下充入更多的能量。

结合恒流、恒压两个阶段,完整的"恒流—恒压"充电控制流程如图 4-23 所示。

第4章 BMS 软件设计

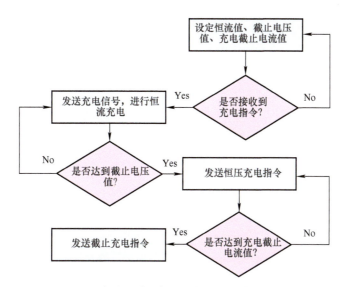

图 4-23 电池系统"恒流—恒压"充电控制流程

整个"恒流—恒压"充电控制的软件设计思路如下:

1) 定义恒流充电值 I、单体电池截止电压值 U_{stop}、充电截止电流值 I_{stop}。

2) 判断系统是否接收到充电指令,若是,进行步骤 3);若不是,返回步骤 1)。

3) 发送充电启动信号,让充电机以电流 I 进行充电,进行步骤 4)。

4) 对单体电池电压进行监控,判断单体电池最大电压值 U_{max} 是否大于 U_{stop},若是,进行步骤 5);若不是,返回步骤 4)。

5) 以当前充电总电压 U_h 作为设置值,发送恒压充电指令,进行步骤 6)。

6) 判断充电电流是否小于 I_{stop},若是,进行步骤 7),若不是,返回步骤 5)。

7) 发送截止充电指令,停止充电。

(3) 变电流充电控制

变电流充电模式,可以看作是在恒压充电模式基础上的进一步改良,指的是充电过程中会根据电池状态而不断调整充电电流,同时兼顾较快的充电速度与更小电池的寿命损伤。实施这样的充电控制需要考虑电池在不同温度、不同 SoC 条件下的特性,考虑电池此时对充电电流的承受能力以及充电发热情况,设置合理的充电电流。当然,这种控制模式需要 BMS 对所管理的电池特性非常了解,并对电池的发热、衰减机理有着充分的掌握方可实施。

作为例子,一种变电流充电控制流程如图 4-24 所示,其基本思想为:当单体电池工作电压小于放电截止电压时,先采用涓流充电方式以激活电池内部化学物质的活性;当电池电压大于放电截止电压时,则采用正常恒流的充电模式;若单体电池工作电压接近或者大于充电截止电压时,则采用减小电流的充电控制方式,通过不断判断电池工作电压调整充电电流,以使电池在正常的工作电压范围内能获得更多的能量。与恒压充电的截止条件相类似,若充电电流小于某一阈值,证明电池已不能再接受更多的能量,则停止充电。

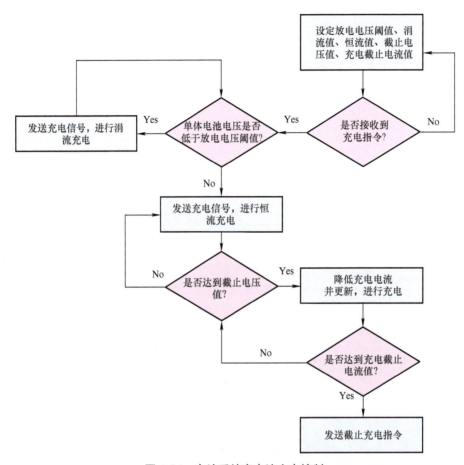

图 4-24 电池系统变电流充电控制

由图 4-24,变电流充电软件设计思路如下所述。

1)定义单体电池放电电压阈值 $U_{stopmin}$、涓流充电值 I_{small}、恒流充电值 I、单体电池截止电压值 U_{stop}、充电截止电流值 I_{stop}、变电流下降值 ΔI。

2)判断系统是否接收到充电指令,若是,进行步骤 3);若不是,返回步骤 1)。

3)判断单体电池最小电压 U_{min} 是否小于 $U_{stopmin}$,若不是,进行步骤 4),若是,向充电机发送充电指令:采用电流 I_{small} 进行充电,并返回步骤 3)。

4)发送充电启动信号,并通过算法设置此时最优的充电电流值,让充电机以此电流进行充电,进行步骤 5)。

5)对单体电池电压进行监控,判断单体电池最大电压值 U_{max} 是否大于 U_{stop},若是,进行步骤 6);若不是,返回步骤 4)。

6)降低充电电流,通过一定的算法生成新的充电电流值,并发送给充电机进行充电,进行步骤 7)。

7）判断充电电流是否小于 I_{stop}，若是，进行步骤 8），若不是，返回步骤 5）。

8）发送截止充电指令，停止充电。

3. 电池系统放电管理

电池系统放电管理，是指在放电过程中，根据电池状态的变化，采取不同的放电控制策略以保证电池系统安全以及提高电池的使用效率。在早期的 BMS 中，放电管理往往仅考虑电池放电过程是否低于放电截止电压，或者根据当前的 SoC 预测放电的可持续性。随着近年来电动汽车技术的发展，整车控制系统要求 BMS 支持多种不同的放电控制模式。

举例来说，某辆电动汽车的整车驾驶模式分为正常模式及经济模式两类。在经济模式下，电池的放电控制主要考虑电池不同状态对工作电流进行约束，避免因为放电电流过大而降低能量的运行效率；而正常模式则不对工作电流做过多的限制。

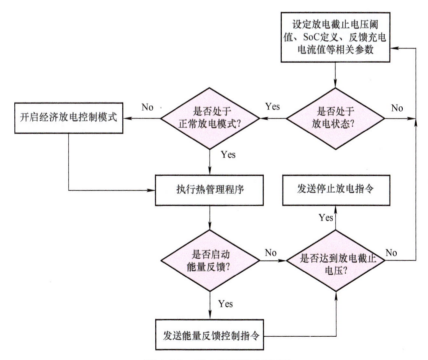

图 4-25 放电管理控制流程

电池放电管理的控制流程如图 4-25 所示，解释如下：

1）定义单体电池放电电压阈值 $U_{stopmin}$、反馈充电电流阈值 I_{re} 等相关参数，调用 SoC 函数，编写反馈充电函数、经济模式控制函数。

2）判断系统是否处于放电状态，若是，进行步骤 3）；若不是，返回步骤 1）。

3）判断系统是否处于正常放电模式状态，若不是，调用经济放电控制函数执行经济控制功能，进行步骤 4）；若是，直接进入步骤 4）。

4）调用热管理函数，执行热管理程序，进行步骤5）。

5）判断电机控制器能量反馈功能是否开启，若是，调用能量反馈控制函数以实现能量反馈下的充电管理，进行步骤6）；若不是，直接进行步骤6）。

6）判断单体电池最小电压 $U_{\min}$ 是否小于放电截止电压 U_{stopmin}，若是，发送停止放电指令，结束系统放电；若不是，返回步骤1）。

4. 电池系统效率监测及管理

电池系统的效率 η 指的是电池系统放电能量 W_d 与充电能量 W_c 之间的比值：

$$\eta = \frac{W_d}{W_c} \times 100\% = \frac{\int_{t_{d0}}^{t_{d1}} U_o(t) I_o(t) \mathrm{d}t}{\int_{t_{c0}}^{t_{c1}} U_i(t) I_i(t) \mathrm{d}t} \times 100\% \qquad (4\text{-}1)$$

式中，t_{d0} 为电池系统从满电状态进行开始放电的时刻；t_{d1} 为电池系统放电至SoC为零的时刻；t_{c0} 为电池系统从SoC为零状态进行开始充电的时刻；t_{c1} 为电池系统充满电（SoC = 100%）的时刻；$U_o(t)$ 为电池系统的瞬时输出电压；$I_o(t)$ 为电池系统瞬时输出电流；$U_i(t)$ 为电池系统的瞬时充电电压；$I_i(t)$ 为电池系统的瞬时充电电流。

国家标准GB/T 31467.1—2015《电动汽车用锂离子动力蓄电池包和系统 第1部分：高功率应用测试规程》和GB/T 31467.2—2015《电动汽车用锂离子动力蓄电池包和系统 第2部分：高能量应用测试规程》提供了较为详细的电池系统效率测试规程，但并没有提供判定合格的依据，具体的判断条件取决于电池或整车企业提供的产品规格书所规定的指标。若在规定的使用环境下电池系统效率小于该指标，可认为该系统已呈现一定程度的老化或者电池质量出现问题，需要进行检修或者更换。

由于效率分析涉及对电池系统进行深充放电，该测试环节一般在电池系统维护环节进行，其步骤可以参考如下流程。

1）将电池系统置于产品规定的温度环境下，对电池系统进行额定电流充电，待电池系统达到充电截止条件时停止，将电池系统静置至系统温度与环境温度相接近时，进入步骤2）。

2）对电池系统进行额定电流放电，待被测对象达到放电截止条件时停止，将电池系统静置至系统温度与环境温度相接近时，记录放电过程的电池系统两端工作电压 $U_o(t)$ 及放电电流 $I_o(t)$，进入步骤3）。

3）对电池系统进行额定电流充电，待电池系统达到充电截止条件时停止，将电池系统静置，记录充电过程的电池系统两端工作电压 $U_i(t)$ 及充电电流 $I_i(t)$，进入步骤4）。

4）根据式（4-1）计算电池系统效率，若小于产品规定指标，则认为电池系统需要进一步检测维护，否则视为系统效率正常。

上面介绍电池系统控制功能开发时，都反复提及关于电池当前状态的应用，4.3.4节将对电池系统状态的评估及相关功能开发进行讨论。

4.3.4 电池系统状态分析

图 4-26 反映了电池系统状态分析的主要内容,包括以下几个方面:

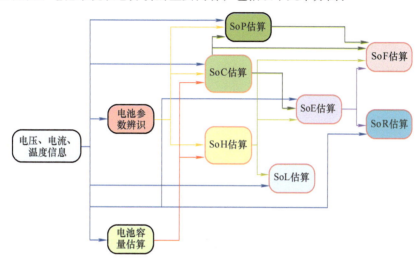

图 4-26 电池系统状态分析的含义

1)荷电状态(State of Charge,SoC),指的是当前电池系统存储的电量占额定容量的百分比。

2)健康状态(State of Health,SoH),指的是当前电池系统的最大容量与出厂时电池的标称容量相比,其百分比的大小。

3)功率状态(State of Power,SoP),指的是电池系统当前可以释放的峰值功率。

4)剩余能量(State of Energy,SoE),指的是电池系统当前所能释放出的能量。

5)剩余寿命(State of Life,SoL),指的是当前电池系统还可以深充、深放的次数。

6)续航里程(State of Range,SoR),指的是在当前状态下,电池系统能供给汽车行驶的剩余里程。

7)功能状态(State of Function,SoF),指的是在当前状态下,电池系统在其内在电化学性质、整体能量情况、功率输出上的综合体现。

上述状态预测都是建立在电池电压、电流、温度等基本信息的基础上,通过一定的方法进行计算,再根据实际功能需求进行预测。就传统的 BMS 而言,电池状态评估首先要经历以下两个过程。

(1)电池参数辨识

电池参数辨识,一般是基于电池模型,通过采集特定工况下电池系统的电压、电流、温度等数据,对电池模型的一系列参数进行计算求解的过程,一般分为电池静态参数辨识、动态参数辨识、放电与充电参数辨识等。这里会涉及以下几个基本概念:

1)电池平衡电动势(Equilibrium Motion Force,EMF),指的是电池处于平衡状态时的电动势，它作为一个客观存在的物理量，不会随电流的大小与方向而变化，只与温度和SoC相关，一般情况下，将电池静置足够长的时间，电池内部达到化学平衡时，电池正负两极之间的电动势可以被认为是电池的平衡电动势。

2）电池工作电压（Terminal Voltage），指的是电池在充放电或者静止过程中，其正负极两端的电压值。如果用一个万用表连接电池正负两极，则任何时刻的读数都可以被认为是电池在该时刻的工作电压。

3）电池开路电压（Open Circuit Voltage），指的是电池在开路（未连接充电机或放电负载）的状态下，正负极之间的电压值。开路电压受环境温度、近期的充放电历史等影响。在静置足够长的时间后，电池的开路电压可以认为与平衡电动势一致；在充电电路、放电电路都断开的情况下，开路电压才会与工作电压相等。

4）环境温度，指的是电池周围的环境温度。环境温度是一个比较复杂的概念：它有时候可以指电池工作时电池箱外部的气温；有时候又可以指电池箱里面的空气温度。但多数情况下，探测环境温度的传感器不应该贴在电池的外壁，特别是贴在电池的极柱附近。因为电池内部温度会通过极柱传导，从而导致极柱温度与环境温度有所不同。

5）电池超电势（Over-potential），指的是经历了一个充电或者放电过程之后，电池的开路电压与平衡电动势之间的差值，电池的超电势通常与电池的极化程度相关。

6）工作电流，指的是电池在使用过程中，流经电池正负极的电流大小，有时候也被称作充电电流或者放电电流。

根据上述几个概念，电池参数辨识的实质就是将电池在特定的环境温度以及SoC的前提下，求得平衡电动势与工作电压、工作电流之间的函数关系。这样的函数关系可以通过一系列不同工况的电池测试才可以获得。

测试过程中，在电池允许的充放电电流以及使用温度的范围内，通过改变充放电电流I、环境温度T的值开展一系列电池充放电测试，可以获得不同温度、不同充放电电流下电池具体参数（工作电压等）的变化数据，将这些数据进行整合，采用一定的数学方法来拟合平衡电动势与温度、充放电电流、剩余电量等参数之间的关系式（见图4-27），为后续电池状态评估提供可参考或借鉴的规律函数及数据库。

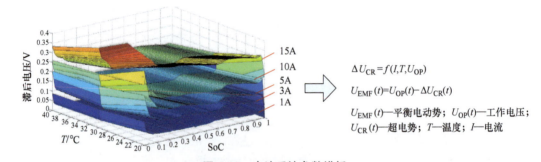

图4-27　电池系统参数辨析

第 4 章　BMS 软件设计

（2）电池容量估算

电池容量估算，是电池剩余电量、剩余寿命和健康状态评估的参考标准。其估算可以通过不同温度梯度的电池充放电测试进行获取。

在特定温度、恒流充放电情况下，电池容量 C_d 的表达式如下：

$$C_d = It \tag{4-2}$$

式中，I 为恒流充放电过程的电流大小；t 为充放电单个过程所用时间。

通过实验测试后，获得的容量可以作为与电池容量有关的状态测试的参考标准值。

只有通过电池参数估算和电池容量估算两个阶段，才可以对动力电池的状态进行预测或评估。就当前常用的 BMS 而言，其状态评估主要包括 SoC 估算、SoH 估算、SoP 估算三种，以下将分别针对这三种评估方法的软件设计进行介绍。

（1）动力电池 SoC 评估

动力电池剩余电量的评估可以如下式所示：

$$\text{SoC} = \frac{Q_{re}}{Q_{used} + Q_{re}} \times 100\% \tag{4-3}$$

式中，Q_{used} 为在最后一次充满电的情况下，电池中已经放掉的电荷量；Q_{re} 为电池中剩余的电荷量。理论上，通过对动力电池系统的使用电流进行积分，根据式（4-3）可以计算出动力电池的剩余电量，然而受电流传感器精度和响应频率的制约，单纯电流积分的方法容易造成累计误差，最终导致 SoC 评估精度会逐渐降低，不能满足整车使用的要求。就目前的技术而言，比较成熟的算法包括伏安法和卡尔曼滤波法。

伏安法认为在电池系统较长时间（0.5h 以上）未使用的前提下，电池内部的化学反应已趋近于平衡，其开路电压可近似为平衡电动势，因此在电池系统开启时通过查表的方式确定当前开路电压下所对应的 SoC 值，然后在使用过程中采用电流积分法计算 SoC 值。相对于单纯的电流积分法误差累计的状况，伏安法在汽车经过长时间停止之后再启动的时刻，利用电压法对 SoC 值的评估结果较为精确，因此成为目前低成本 BMS 常用的评估方法。

伏安法的 SoC 评估流程如图 4-28 所示。图中，Q_r 为电池的额定容量值。

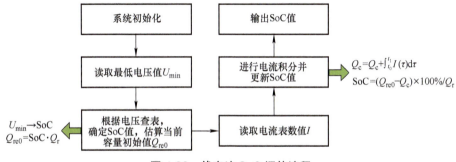

图 4-28　伏安法 SoC 评估流程

具体软件工作步骤如下：

1）当系统开机时进行初始化设置，包括定义各种参数变量、电池电压接口地址、平衡电动势与 SoC 之间的特征函数或者数据库、额定容量 Q_r 等。

2）根据电池电压接口地址，读取所有电池电压，并寻找其最低电压值 U_{min} 作为 SoC 评估的参考对象。

3）将 U_{min} 视为当前状况下系统的平衡电动势值，调用平衡电动势与 SoC 之间的数据库，计算当前剩余电量 SoC，并根据 SoC 的数值推算剩余容量初始值 Q_{re0}。

4）读取电流表所采集到的电流数据 I，在使用过程中采用电流积分计算当前时刻的电池容量累积值 Q_c。

5）根据计算容量（$Q_{re0} - Q_c$）与额定容量 Q_r 的比值，确定 SoC 值并对外输出。

虽然伏安法能较快速地进行电池系统 SoC 预测，但是由于电池工作电压不等于平衡电动势，在频繁启动的情况下，往往无法精确地获得实际平衡电动势，加上电量积分依赖于电流传感器精度及刷新频率，这种方法同样会存在一定的误差。

为避免上述问题的发生，卡尔曼滤波算法通过采用规范的电池模型并结合 SoC 初始值的优化，使得平衡电动势的评估更加精确，如图 4-29 所示，其思路如下：

1）根据卡尔曼滤波具体算法，分别建立电池模型函数、卡尔曼系统预测函数、电池端电压误差计算函数、SoC 评估纠正函数以及 SoC 最优值判断函数。

2）以电流 I、温度 T 数据代入电池模型，获得电池端电压预测值 U_{r1}。

3）将 U_{r1} 及历史的 SoC 变化值代入卡尔曼系统函数中，获得电池平衡电动势预测值 U_{remf} 及相应 SoC 预测值 SoC_{r1}。

4）将 U_{r1} 与实际电池端电压值 U_t 代入误差模型，获得电池端电压误差量 ΔU_1。

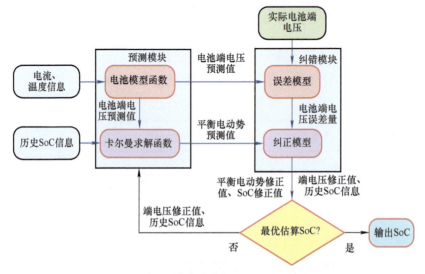

图 4-29　基于卡尔曼滤波的 SoC 评估框架

5）将 ΔU_1 及 U_{remf} 代入纠正模型，输出电池端电压修正值 U_{r2}、平衡电动势修正值 U_{remf2} 及 SoC 修正值 SoC_{r2}。

6）将 U_{r2}、U_{remf2}、SoC_{r2} 及历史 SoC 数据代入 SoC 最优值判断函数，确认 SoC 值是否达到最优，若是，进行步骤 7）；若不是，再次修正电池端电压，返回步骤 3）。

7）认为此时 SoC 为精确值，输出结果。

无论是伏安法还是卡尔曼滤波法，平衡电动势与 SoC 之间的函数关系、电池模型参数等需要通过电池状态信息估算获得，而电池额定容量 Q_r 则需要通过电池容量测试获得。由于电池规格型号各异，所以在软件设计过程中，建议将电池额定容量、电池参数估算等作为一个系统参量或者函数，方便后续电池发生更改或者变化升级的情况下对这两个事件的更改。

（2）动力电池 SoH 评估

电池 SoH 评估的基本思想是，老化程度越高，电池的实际容量越低，通过判断电池在深充放电过程容量的变化，可以实现 SoH 估算。

电池 SoH 的计算方法如下式所示：

$$
\begin{aligned}
Q_c &= \frac{\Delta Q_c}{|\text{SoC}(i)-\text{SoC}(i-1)|}\\
\text{SoH} &= \frac{Q_c}{Q_r}\times 100\%
\end{aligned}
\quad (4\text{-}4)
$$

式中，ΔQ_c 为电池系统某一个时段通过电流积分获得或者释放出的电量；$|\text{SoC}(i)-\text{SoC}(i-1)|$ 为在该时段电池 SoC 的变化值；Q_c 为电池电量估计值；Q_r 为电池额定电量值。值得注意的是，电池在出厂时的容量一般会超过额定容量，所以当 $Q_c > Q_r$ 时，一般认为 SoH = 100%。

一般来讲，ΔQ_c 的获得以在某一次整车启动后再进行充电这个过程作为判断条件，其思路如图 4-30 所示。

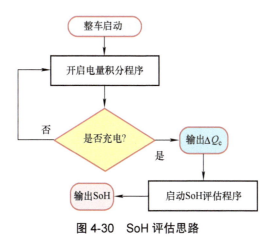

图 4-30　SoH 评估思路

具体软件工作步骤如下:
1) 定义额定电量 Q_r,设置电量积分函数、SoH 评估函数。
2) 若整车启动,则开启电量积分函数。
3) 整车使用过程,判断是否收到充电信号,若没有,返回步骤 2);若有,进行步骤 4)。
4) 将电量积分结果 ΔQ_c 输出,并发送给 SoH 评估函数。
5) 参考式(4-4),根据 ΔQ_c 求解 SoH 并输出。

(3) 动力电池 SoP 评估

受输出电流和动力电池系统工作电压的影响,动力电池系统在不同 SoC 下的输出功率会有所不同。通过电池参数辨识数据,可以获得动力电池系统在不同状况下的持续放电电流和峰值放电电流,以此限制整车持续输出功率,从而达到防止电源系统高倍率放电的目的。

SoP 的评估基本思路如图 4-31 所示。具体步骤如下:
1) 在系统运行过程中,通过采集动力电池电压、电流及温度等信息,并结合 SoC 评估的结果,代入 SoP 估算函数中。
2) 在 SoP 估算函数中,调用电池模型,通过电池电压、电流、温度以及 SoC 等数值,推算当前状态下电池系统的持续电流 $I_{con}(t)$ 及峰值电流 $I_{maxp}(t)$ 情况。
3) 结合电池系统当前端电压 $U(t)$,计算电池系统的持续功率 P_{con} 及峰值功率 P_{maxp}:

$$\begin{cases} P_{con} = U(t) \cdot I_{con}(t) \\ P_{maxp} = U(t) \cdot I_{maxp}(t) \end{cases} \quad (4-5)$$

式中,t 为当前时间。

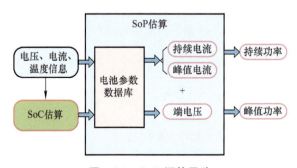

图 4-31 SoP 评估思路

通过 SoP 估算函数输出的持续功率和峰值功率,可以给整车控制器或者其他函数提供分析和处理的参考数据,并根据电池系统端电压输出相应的电流控制指令,从而实现保护电池的目的。

4.3.5 电池系统安全管理功能开发

一般地,BMS 安全管理功能主要包括故障检测与处理、状态管理两个方面,以下对故障检测与处理进行介绍。

第 4 章　BMS 软件设计

故障检测与处理的框架如图 4-32 所示，可以分为通信状态检测与处理、功能状态检测与处理两个部分。

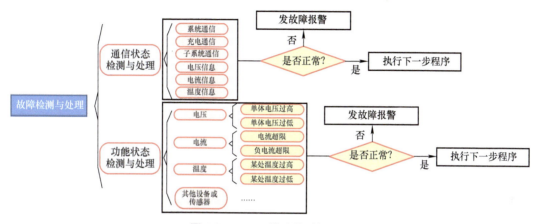

图 4-32　BMS 故障检测与处理

1. 通信状态检测与处理

通信状态检测与处理主要负责检测 BMS 通信连接方面的故障，又可分为系统通信、充电通信、子系统通信、电池信息通信等内容。这一类通信的检测与处理基本流程如下：

1）系统启动，在程序中开启各种通信连接。
2）判断是否出现信号出错或者丢失，若出现状况，执行 3）；若正常，开展其他程序的操作。
3）确认是哪一部分信息出现差错，发送相应的故障代码并报警。

图 4-33 是用 C 语言编写的部分示例代码。其中，将通信失效用一个数组表示，数组中每个元素代表其中某一类通信，当某一类通信失效时，则该元素被置为 1，反之则为 0。同时设置状态失效参数 k，对失效的通信类型进行计数。在该函数的最后环节，通过判断 k 值是否为 0，若为 0，则赋值 "BMS_Com=1"，确认通信正常。其中参数 BMS_Com 为判断通信状态是否正常的变量，可以在主函数中定义。

2. 功能状态检测与处理

相比通信状态检测，电池功能状态的检测与处理更加注重被检测目标在数值上的特点及相应的处理方法，如电压检测与管理，需要判断单体电压是否过高或者过低，同时针对不同的判断结果采取相应的防护模式。所以在信息输出的过程中，一方面要通过功能条件阈值，设置相应的故障代码（如最高单体安全电压限制值、超高单体电压限制值等），另一方面还要设置防护模式代码（如电压过高警告、整车强制停止等）。通常，功能条件阈值通常分为上限阈值及下限阈值，如电池充电截止电压、电池放电截止电压等。所以在判断过程中，需要从上、下限两个角度进行分析及判断。

基于上述思路，功能状态检测与处理的基本步骤归纳如图 4-34 所示，解释如下：

1）读取某一项功能数值，判断其是否达到某一较高阈值，若是，执行步骤 2）；若不是，执行步骤3）。

2）根据该阈值所代表的警告信息，发送相应的控制指令或者报警信息，读取下一项功能数值，进行步骤4）。

```c
void Communtication_Status_detection(void)//定义通信状态检测函数
{
    int k=0;//定义状态失效个数
            if(Charge_error=1)//充电状态失效
            {
              BMS_error_data[0]=1; //充电状态失效代码
              k=k+1;
            }
            else
            {
              BMS_error_data[0]=0; //充电状态正常代码
            }
              if(System_error=1)//系统通信失效
            {
              BMS_error_data[1]=1; //系统通信失效代码
              k=k+1;
            }
            else
            {
              BMS_error_data[1]=0; //系统通信状态正常代码
            }
            ……
            if(k=0)       //状态正常代码
            {
              BMS_Com=1;
            }
}
```

图 4-33　通信状态检测与处理程序示例

3）判断其是否低于某一较低阈值，若是，发送相应的控制指令或者报警信息，读取下一项功能数值，进行步骤4）；若不是，读取下一项功能数值，执行步骤4）。

4）调用该功能安全管理函数，判断其是否超过安全阈值，若是，发送相应故障警报及处理指令，读取下一项功能数值；若不是，直接读取下一项功能数值。

可见，为保证系统检测完整性和规范性，在读取某一项功能数值的同时，需要将涉及该功能的任何一项数值都进行检测及分析（如每个单体电池电压数值的合理性都需进行验证），并在此基础上对功能失效或者超限的地址和响应管理信号进行发送，再对下一项功能进行测试。

4.3.6　电池数据远程管理（车端部分）

随着整车对电池系统功率、安全性、功能等要求的提高，BMS 监控、处理的数据量越来越大。数据远程管理，一方面可以弥补嵌入式系统对数据处理、存储能力不足的问题，另一方面可以对电池系统使用过程进行实时管控，提高系统安全性和事故防范能力，满足新能源汽车动力电池管理系统技术发展的要求。数据远程管理的主体，一般是企业建立的数据中心或者政府

第4章 BMS 软件设计

主导的数据中心。

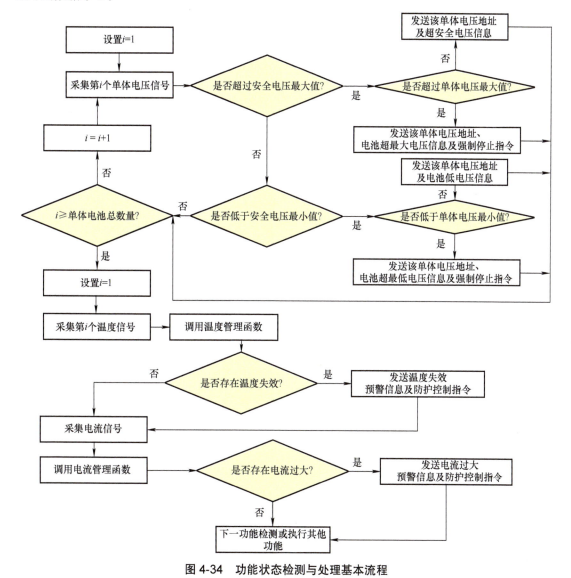

图 4-34 功能状态检测与处理基本流程

一个比较典型的动力电池系统数据远程管理架构如图 4-35 所示,以下按照图中的七个部分进行解释。

1）BMS：用于采集动力电池系统信息以及部分整车信息,并将这些信息通过互联网上传到数据收发服务器,同时接收数据收发服务器发过来的指令。在目前大多数汽车产品中,BMS 终端的数据会归属到整车控制器数据中并连同其他整车数据发送给收发服务器,同时也可通过车上的存储卡进行部分数据存储。

电池管理系统（BMS）设计与制造技术

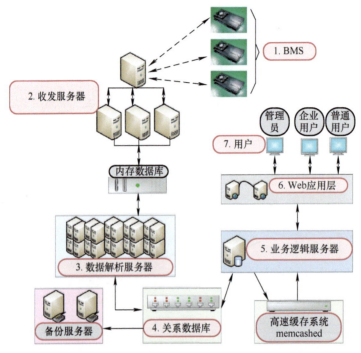

图 4-35　一种典型的动力电池系统数据远程管理架构

注：图片由东莞钜威动力技术有限公司提供。

2）收发服务器：收发服务器主要负责与 BMS 或者整车控制器端之间的通信，实现对数据的接收功能，但并不做处理。对于从车端接收过来的数据，将存储在内存数据库中，并通过内存数据库发送给数据解析服务器；同时接收解析服务器下达的指令，发送给 BMS 或整车控制器。

3）数据解析服务器：这个服务器分为实时解析模块及标定刷写模块，前者指的是对采集到的 BMS 数据进行解析，存入关系数据库，或者对待发送给 BMS 的数据进行解析后向收发服务器发送；后者指的是与业务逻辑层之间的通信解析，保证业务逻辑层能获得经过解析之后的正确信息内容。

4）关系数据库：一般分为车辆数据库、监控数据库及标定刷写数据库三大部分。其中，车辆数据库存储的是车辆的相关信息、注册信息、电池数据、保养及维护信息等；监控数据库则对实时采集的 BMS 信息进行存储，监控数据库具有容量大、可扩展性高、支持大数据存储等特点；标定刷写数据库则是面向数据管理系统的固件版本、固件文件、刷写记录及结果等数据进行存储，是保障数据库稳定性及安全性的关键部分。

5）业务逻辑服务器：一方面负责处理 Web 应用层传输过来的各种请求操作，另一方面通过关系数据库将监控采集到的数据发送给 Web 应用层。通过业务逻辑服务器对各项指令内容进行刷新、操作并记录，是 Web 应用层、客户端等进行数据监控与管理的连接口。

第4章　BMS软件设计

6）Web应用层：为用户提供BMS传输过来的信息，并对各类信息进行统计和处理，同时具备较人性化的人机界面，可接收用户通过界面发过来的指令。

7）用户：可分为管理员、企业用户及普通用户三种类型。管理员作为平台运营及管理的角色，对平台的设置及维护具备绝对的权限；企业用户则仅对本企业所管理的车辆BMS情况负责，实现这些车辆的电池系统信息监控及管理；普通用户则对自己拥有的车辆动力电池系统进行管理，包括实时监控、远程控制等功能。

如图4-36所示，对车端（BMS）软件设计而言，为实现远程数据管理，需要完成三部分工作：

1）根据协议对发送的数据进行格式转换，形成收发服务器能够识别的报文。

2）在发送数据报文前加入地址信息，并选择合适的网络协议，使收发服务器能够收到相关的数据报文。

3）接收从收发服务器发过来的指令，并进行翻译。

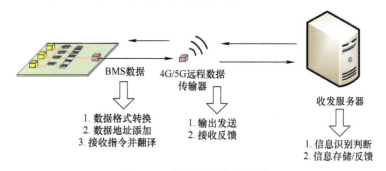

图4-36　远程数据传输流程

为保证BMS与收发服务器之间正常通信，必须根据收发服务器所定义的协议进行格式转换。表4-7为某收发服务器所定义的通信协议，供读者参考。

表4-7　某收发服务器通信协议

通信协议				数据包定义		
名称	SID	长度		变量类型	变量名称	中文名称或简述
起始符	/	2		string	BeginStr	起始符
命令单元	/	2		byte	CmdFlag	命令标识
识别码	/	32		byte	ReplyFlag	应答标志
数据加密方式	/	1		string	VIN	识别码
数据单元长度	/	2		string	UnitNumber	车载单元编号
包号	/	1		string	EncryptType	加密方式
GPS数据	0x62	31		int	DataLen	数据单元长度
CAN数据	0x60	211		byte	Year	年
统计信息数据包	0x64	16		byte	Month	月
IMEI数据包	0x63	12		byte	Day	日

（续）

通信协议			数据包定义		
名称	SID	长度	变量类型	变量名称	中文名称或简述
CheckSum	/	2	byte	Hour	时
总check	/	1	byte	Minute	分
	/		byte	Second	秒
			byte	CheckCode	校验码
			DataModel	datamodel	总数据
变量定义			实时上报数据		
变量类型	变量名称	中文名称	变量类型	变量名称	中文名称
int	startbyte	起始位置	Dictionary<int, List<Variable>>	datavars	key 表示数据的 ID。value 表示数据列表
int	length	数据长度	Dictionary<int，int>	ids	key 表示数据的 ID。value 表示数据列表
decimal	accuracy	精确度	Dictionary<string，Variable>	variable	表示实时上报的一个数据
decimal	min	最小值		/	
string	max	最大值			
string	unit	变量的单位值			
string	description	变量的名称			
string	property	变量的数据类型			
decimal	a	/			
decimal	b	/			
decimal	c	/			
decimal	d	/			
object	Val	变量的值			

注：本表内容由东莞钜威动力技术有限公司提供。

由上述可知，远程数据传输的软件设计流程分为发送、接收两个部分，具体流程如下：

（1）发送信息端

- 根据设计需求，定义需要发送的数据内容。
- 根据通信协议，将数据内容进行格式转换。
- 根据通信协议，添加待发送数据的对应地址代码。
- 将发送数据存入发送存储器中，并执行信息传输功能，由远程数据传输器进行发送。

（2）接收信息端

- 将远程数据传输器传输过来的信息存入接收缓存。
- 根据通信协议，对接收信息进行解码。
- 判断已解码的接收信息内容，并执行相应的工作。

第 5 章 BMS 的验证

一般来说，测试和验证是密不可分的。测试是手段，验证是目的。本章所谈的 BMS 的验证包括两个方面的含义：一是在设计过程中的验证，二是在产品制造过程中的验证。以下将对 BMS 的各项验证工作进行说明。

5.1 关于 BMS 验证的一些基本问题

5.1.1 在产品设计、制造的不同阶段对 BMS 的验证

不同的阶段、不同的人员对 BMS 产品的验证需求是不一样的，以下是几种不同的情形。

1. 质检机构对 BMS 的检验

作为汽车的核心零部件，BMS 需要接受具备资质的质检机构检验，质检机构对 BMS 的检验主要有以下三个方面：

第一，把 BMS 作为一个汽车电气零部件进行验证，主要验证的项目包括绝缘耐压性能、气候环境负荷、耐振动性能、耐冲击性能、电磁兼容性能、浪涌抗扰度、辐射抗扰度、磁场抗扰度、传导骚扰、辐射骚扰等。

第二，把 BMS 作为一个测量工具进行验证。因为 BMS 在工作的过程中需要对电池组的电压、电流、温度等不同的物理量进行监测，所以要通过计量检测的手段对 BMS 的测量精度进行检验。

第三，对 BMS 的功能进行验证。通信功能、电池保护功能，以及 SoC 估算等都是 BMS 的核心功能，质检部门需要对这些核心功能进行检验。

2. 研发、设计阶段对 BMS 进行验证

在研发、设计 BMS 时，一般需要验证 BMS 的各项主要功能，例如：

第一，因为 BMS 要对电池的工作状态进行监测，因此需要对各种物理量的采样精度、采样频率等进行验证。

第二，对 BMS 的各种复杂软件功能进行验证，例如 SoC 估算、充放电控制、均衡控制等，在这个过程中，可以用真实的电池组作为调试对象；但考虑到测试的方便性、可重现性，也可以采用电池组模拟器来模拟每串电芯的行为。

第三，根据国家标准、企业标准对产品进行严格测试。

3. 作为 BMS 采购者对 BMS 进行验证

整车生产企业、电池生产企业、电池包生产企业等，通常作为 BMS 的采购者向 BMS 供货商采购 BMS。一般来说，BMS 供货商在送样之前，应该提供质检机构出具的 BMS 检测报告，表明该产品符合国家、行业的有关标准。在此基础上，作为 BMS 的采购者还需要对 BMS 进行的验证一般可以包括以下方面：

第一，根据企业的标准，对 BMS 的各方面要求进行常规验证，例如在高温、低温的环境下 BMS 的性能验证等。

第二，根据具体的项目要求，对 BMS 的特定功能进行有针对性的验证。

第三，在安装到电池系统之前，对 BMS 产品的主要指标进行抽检或者巡检。

4. BMS 生产企业在出厂前对 BMS 进行品质验证

作为 BMS 生产企业，在产品出厂前需要对 BMS 进行品质验证，可采取抽检或者巡检的方式，其中包括：

第一，对 BMS 产品进行老化测试。

第二，对 BMS 的电压、电流、温度采样准确度进行验证。

第三，对关系到电池安全的各种保护功能进行测试。

就本书而言，将重点关注以上的第 2、4 两种情形，也就是 BMS 在设计、研发阶段的验证，以及在生产、制造阶段的品质验证。

5.1.2　BMS 测试能力体系建设

由于 BMS 必须通过国家强制测试标准方可作为成熟产品交给客户，为降低测试成本，争取在国家强制检测过程中能一次通过，通常 BMS 厂商会针对一系列强制检测测试标准配备相应的测试设备，构成企业内部的测试能力体系（见图 5-1）。

由图 5-1 中可见，测试能力体系分为四个类别，分述如下：

1）单元级测试，主要针对单体电芯、电子元器件的性能进行测试，其中比较有代表性的有面向单体电芯的 HPPC（混合脉冲功率特性）测试平台（见图 5-2）。在该平台下，针对单体电芯可以完成的测试内容包括容量、内阻、倍率特性、寿命评估等；涉及电子元器件性能相关的测试内容包括电压采集精度、电流采集精度、温度采集精度等。

2）质检类测试，主要用于对 BMS 稳定性、可靠性而进行的测试，所涉及的平台有冷热冲击测试平台（见图 5-3a）、温湿度环境测试平台（见图 5-3b）、绝缘耐压测试平台（见图 5-3c）、扫频振动测试平台（见图 5-3d）、电源辐射及抗干扰测试平台（见图 5-3e）、静电放电测试平台（见图 5-3f）等。这些平台可以开展包含环境可靠性、电气安全及 EMC 等内容的测试，如跌落测试、挤压测试、振动测试、静电测试、辐射及抗干扰测试，等等。

3）成品级测试，主要针对 BMS 样品而开展的一系列功能、性能的测试，如单体及系统工况仿真、通信协议测试、信号显隐性测试、上下策略验证测试、控制策略测试等。这类测试相关设备包括 BMS 硬件在环测试平台（见图 5-4a）、CAN 总线分析测试平台（见图 5-4b）、BMS

第 5 章 BMS 的验证

软件一体化测试平台（见图 5-4c）等。

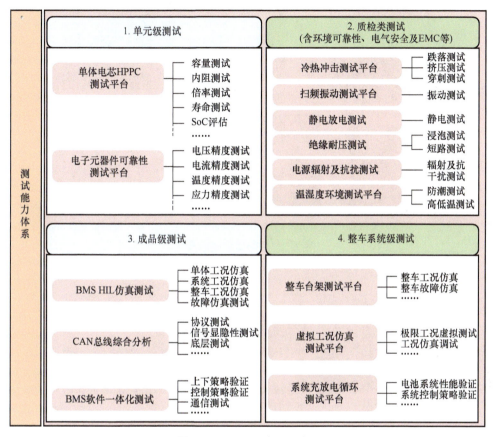

图 5-1　BMS 测试能力体系

图 5-2　面向单体电芯的 HPPC 测试平台

注：图片由东莞钜威动力技术有限公司提供。

a) 冷热冲击测试平台　　b) 温湿度环境测试平台　　c) 绝缘耐压测试平台

d) 扫频振动测试平台　　e) 电源辐射及抗干扰测试平台　　f) 静电放电测试平台

图 5-3　质检类测试平台

注：图片由东莞钜威动力技术有限公司提供。

a) 硬件在环测试平台　　b) CAN总线分析测试平台　　c) BMS软件一体化测试平台

图 5-4　成品级测试平台

注：图片由东莞钜威动力技术有限公司提供。

4）整车系统级测试，在 BMS 集成及系统软件基本稳定的情况下，通过仿真整车使用工况，开展整车系统级测试，从而验证 BMS 在实际使用工况下的有效性。其所涉及的设备包括整车台架测试平台、虚拟工况仿真测试平台、系统充放电循环测试平台等（见图 5-5）。这类平台所涉及的测试内容包括整车工况仿真、整车故障仿真、极限工况虚拟测试、电池系统控制策略验证等。

图 5-5　整车系统级测试平台

注：图片由东莞钜威动力技术有限公司提供。

5.1.3 测试文档

在测试验证过程中，需要填写各类测试文档，以统一、规范的形式来描述测试验证的内容以及测试的过程。测试文档作为记录测试信息的有效文件，既可以作为测试人员的操作说明书，也是项目开发团队的归档资料，更是 BMS 产品有效验证的证明材料。一般情况下，测试文档必须包括以下内容。

1. 测试内容的简介

测试文档在建立时，要先阐述测试的目的、测试对象的规格和测试的内容。这个部分一方面为 BMS 测试进行介绍，另一方面为后续开发人员、分析人员的使用提供一个测试背景的介绍，使测试文档的读者能够充分地了解这项测试的基本情况。

2. 测试策略

测试策略是测试文档中一项重要的内容，目的是针对测试的对象，说明测试的基本步骤。测试策略内容主要包括以下几部分：

1）测试步骤，为了令阅读者能更深入地了解测试过程各项细节，测试步骤侧重说明测试过程所包含的各种流程，并对测试过程的逻辑解释清楚。

2）测试条件，为了解决"用什么进行测试"这个问题，要对测试所采用的设备、仪器、工具以及相关参数的设置进行说明，一方面帮助读者了解测试的环境及相关条件，另一方面也能为后续的其他测试提供借鉴信息。

3）测试类型，目的在于说明测试的具体内容属性，如进行电压精度测试、电流精度测试、温度稳定性测试等，通过测试类型的说明，使读者能够清晰地了解测试文档的测试范围及具体内容。

4）测试标准，目的在于说明如何对测试结果进行分析和判断，一方面向文档阅读者阐述测试结果的分析手段，另一方面也通过测试标准的制定，对测试结果给出定性的结论判断。

3. 测试计划

测试计划的制定，是 BMS 验证的另一项关键工作，是文档读者能够了解整个测试过程各项信息的关键凭证。测试计划主要包括以下几部分内容：

1）测试参与人员，通过对测试参与人员的描述，一方面是对测试执行者的尊重，另一方面也是对整个测试过程提供历史追溯信息，如在往后的过程中，可以通过测试参与人员的调研，了解测试相关细节，以便于测试手段的延续性及相关信息的继承性，有利于 BMS 验证可持续性的发展。

2）测试用例 ID，对测试报告采用不同的 ID 进行编辑，以便文档的规范性应用，也便于后续测试资料查询。

3）测试名称，是对测试对象及相关内容进行概括，通过测试名称可令文档阅读者快速了解该项活动的概况，有利于对历史数据的筛选及识别。

4）测试描述，是对测试过程进行简要的描述，说明测试的目的、基本流程和测试结果的基本判断，是阅读者快速了解该文档内容的一种途径。

5）被测需求 ID，通过需求 ID 的定义，可以快速地对测试对象所需的基本要求（如规格、相关参数以及相关注意事项）进行划分，阅读者根据 ID 即可了解测试需求的基本情况。

4. 测试报告

测试报告是测试文档最终形成的书面报告，实际工作中容易把测试报告与测试文档混淆。事实上，测试报告仅是测试文档的一部分，其描述了整个测试过程的内容及结论；而测试文档则包括了测试的流程、思路、说明、统筹、结果、讨论、总结及一系列与该测试相关的主要资料。

综上所述，测试报告主要包括如下几部分内容：

1）测试人员，即对测试参与者进行说明。

2）测试工具及相关环境、测试版本信息说明，此类信息一般以简短的几项内容进行说明，为阅读者提供测试过程的相关辅助资料参考。

3）每条测试用例的测试结果，对各种测试结果进行详细说明，阐述测试的结论。

4）数据字典信息，由于 BMS 测试可能需要引用其他标准文件（如国家标准或者企业标准），通过数据字典信息对测试过程的相关专业词汇、参考标准等进行说明及引用，有利于辅助阅读者对相关专业术语、标准进行较为深入的了解。

5）需求覆盖率指标，说明各项测试需求或者测试内容所覆盖的范围，令阅读者能充分理解该测试的适用范围。

6）结构覆盖率指标，通过该指标的制定，说明测试过程所涉及结构方面的内容及覆盖情况，由此帮助阅读者深入了解结构方面的验证。

7）被测模型版本信息，根据测试设备、测试手段的不同，对被测模型版本的基本信息进行说明，可以侧面反映测试过程的具体环境、条件及产生效果的相关信息，同时也为后续的测试提供对比区分的资料。

综上所述，测试报告的模板如图 5-6 所示。

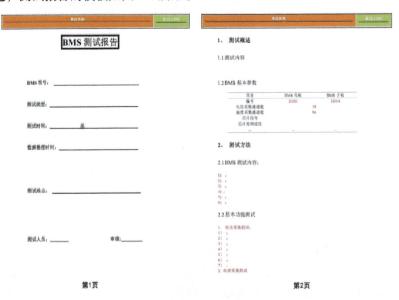

图 5-6　测试报告的模板

第 5 章 BMS 的验证

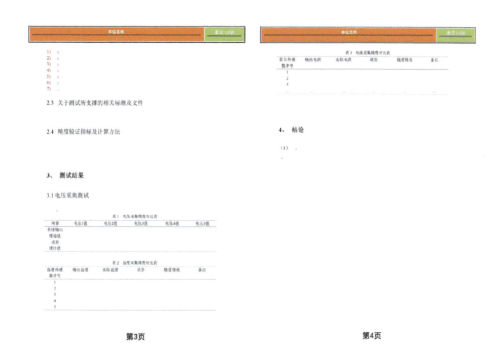

图 5-6 测试报告的模板（续）

5.2 面向 BMS 设计、开发阶段的测试验证

面向设计、开发阶段的测试验证，是相对于产品生产、制造阶段的测试验证而言的。前面在讨论软硬件设计时，曾介绍过相关的一些测试验证的工作，本节将更详细地做出说明。

5.2.1 BMS 设计、开发阶段的测试验证分类

在设计、开发阶段，BMS 的测试可以分为以下三类。

1. 功能测试

功能测试就是要验证系统或者模块的功能是否达到相关的指标需求，测试的结论纯粹是"功能是否已达标"，并不考虑被测系统或者模块的内部设计、复杂度、成本等。

2. 非功能测试

非功能测试以评估系统功能需求以外的特性为目标，如可靠性、质量稳定性、使用寿命等，以验证产品设计的合理性。

3. 结构测试

结构测试是指采取一定的手段对被测系统或者模块的结构（包括软硬件等）进行测试，验

证结构组成的逻辑合理性。

5.2.2 测试方法

随着 BMS 复杂度的增加,如何设计一套完整的测试验证方法以检验 BMS 软硬件的功能与安全性,已成为目前 BMS 设计者迫切需要解决的问题。

为此,在电气 / 电子 / 可编程电子安全系统功能安全标准(IEC 61508)的基础上,道路车辆功能安全标准(ISO 26262)提出 MBD(基于模型设计)的测试思路,如图 5-7 所示。MBD 的基本思想就是针对系统各项功能或者模块的输出特性,建立一系列的仿真模型,并与实际数据进行比较,得出评估结论。

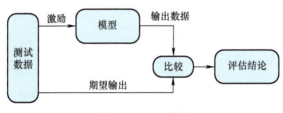

图 5-7　MBD 流程

根据 MBD 的定义,可包括如下五类测试。

1. 基于需求的测试

基于需求的测试是一种系统的测试用例设计方法。其目的在于为每个需求设计相应的测试方案,考虑与具体需求(如功能性需求、鲁棒性需求等)之间的契合度,所设计的测试方案将覆盖所有可测的场景,这样才能较大限度地验证各项需求是否已得到满足。如为验证某一型号 BMS 的功能是否达到设计要求,将其与某一电池组进行连接,把电池组放入温箱中,开展具有一定规律的充放电测试,对测试过程中电池 SoC、容量、高低电压预警等信息进行采集;将这些信息与 BMS 输出的数据进行对比,验证被测 BMS 的功能是否达标。

2. 接口测试

接口测试是为了验证模块与周围之间通信或者连接是否正常而开展的一系列测试方法。一般的做法是向被测模块输入可以识别的数据,通过判断经过模块处理后输出数据的正确性来进行验证。接口测试可以采用多种方式,如根据接口的边界值、非法值或者中间值输入数据,根据所获得的输出结果,判断模块的逻辑是否正确。一个简单的例子就是,为了验证 BMS 电压采集接口的有效性,利用直流电压源模拟单体电池电压特性,将其电压输出端与 BMS 的电压采集线连接,测试过程中不断改变直流电压源的输出电压,通过比较电压源的实际读数以及 BMS 对电压采集数据的处理结果,验证 BMS 输入接口是否达到设计要求。

3. 故障注入测试

为了验证系统或者模块对故障的反应性能,故障注入测试(Fault Injection Test)被用于 BMS 的可靠性验证中。在测试前,先根据经验,人为地设定一系列故障,将其存储于特定的故障库中。在测试过程中,将故障库中的信号随机或者按照一定顺序施加于被测的目标系统中,根据被测系统对所注入故障的反应,验证产品的可靠性是否达到设计要求。通过故障注入测试,可以检验被测系统的容错设计能否对各类故障产生足够的应激响应,并采取适当的保护措施。例如,可以利用 PC 生成各类故障代码,通过 CAN 总线或者其他通信接口向 BMS 的主板或者子板注入各类故障代码,测试 BMS 是否能够正确反馈相应的故障信息并采取相应的保护措施。

4. 资源使用测试

资源使用测试,指的是对 BMS 的 CPU 负载率和内存消耗情况的测试。这种测试通常在确认被测目标编译无错误的前提下,人为地通过编译器生成部分额外的程序,并下载到主板中,这些程序会产生一定的运算量或者存储数据,从而增加 BMS 在运行过程中的负荷,由此测试 BMS 的反应速率、延迟情况以及数据处理的协调性。这类测试一般属于过程在环测试(Processor-In-The-Loop-Testing,PIL)中的一部分。例如,根据复杂工况信息特征,通过 PC 仿真一系列电池状态变化量数据并传输给 BMS,测试 BMS 在运算过程中的延迟和反馈特征,以验证 BMS 对复杂信息的反应速度。

5. 背靠背(Back-to-Back)测试

对于开发者而言,背靠背测试往往是功能安全验证的重要环节,用于验证系统模型与代码之间的等效性。背靠背测试通常针对某一功能或者实现模块进行,分为两种情况:其一,将系统的测试模型与所编辑代码的输出结果进行比较,从而验证代码的正确性;其二,将系统的测试代码输出结果与所建立的软硬件模型输出结果进行比较,从而验证所建立模型的有效性。

除了验证某一功能或者模块是否达到设计需求,背靠背测试也适用于同一版本的设计逻辑在不同领域下的兼容性测试。举例来说,如图 5-8 所示,通过在不同软件定义领域(定点模型、浮点模型、代码格式等有所不同)对被测对象进行相同的测试激励,然后比较这些输出结果与所建立模型之间的差异,由此判断该设计逻辑是否能满足不同领域的兼容需求。当遇到 BMS 硬件升级或者芯片更换时,需采用类似的方法对同一功能以及代码程序在不同的硬件平台或者芯片上进行测试,以验证同一套设计思路在不同平台上的运行效果,为平台的选择提供指导性结论。

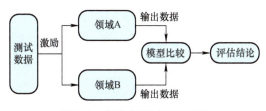

图 5-8 背靠背测试验证流程

上述五种测试方法分别从功能实现、数值界定、故障仿真、系统运算能力、模型兼容性等角度描述了测试的基本思路,从而保障 BMS 在设计的每个阶段的合理性、安全性、数据处理能力及兼容性。

5.2.3 用于 BMS 开发验证的几种模式

在掌握 BMS 的测试方法之后，对设计开发阶段的 BMS 开展测试验证，还需要搭建相应的测试环境以保障测试过程更顺畅、结果更客观。下面介绍几种 BMS 设计、开发阶段的测试验证模式。

1. 模型在环测试

模型在环测试（Model-in-the-loop Tests），是指将控制算法模型和被控对象模型连起来形成闭环，使用控制算法模型对被控对象模型进行测试，以验证算法的合理性及有效性，同时也为软件工程师提供模型级别的集成测试条件。其基本思路如图 5-9 所示，外部输入信号通过控制算法模型进行分析及处理，并将执行指令传送给被控对象模型，由被控对象执行相应的动作，并反馈给控制模型进行比较和修正。

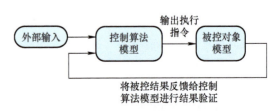

图 5-9 模型在环测试流程图

例如，BMS 热管理模型，先利用温度传感器采集到的温度信息作为外部输入，由控制算法模型判断系统是否超过冷却启动温度，并将执行结果（启动/关闭水冷设备）输送给被控对象模型（水泵），同时，被控对象的启动信号也反馈给控制模型，由此确定被控对象执行的有效性。此类测试可以通过实物进行仿真测试（如上述 BMS 热管理测试平台），也可以在计算机软件上进行仿真测试（如在 MATLAB 的 Simulink 建模仿真系统）。

2. 软件在环测试

由于在软件计算过程中可能存在奇异值、多尺度、数据精度不足等问题，会导致实际计算结果可能呈现错误或者较大误差。因此，通过软件在环测试（Software-in-the-loop Tests），将控制模型经过特定的计算机语言转换（编译）后，比较控制模型的计算结果与在 Windows 平台的动态链接库输出结果，从而验证经过计算机语言转换后的程序处理误差，如图 5-10 所示。

图 5-10 软件在环测试流程图

这类测试往往用于涉及计算程序比较复杂或者多步骤的 BMS 算法执行过程，如基于卡尔曼滤波的 SoC 评估，在不同软件平台上由于计算精度和数据处理能力不同，实现效果可能会存在一定的差别。通过软件在环测试，可以获得控制模型的输出误差，为误差的检验及修正提供参考数据。

3. 处理器在环测试

处理器在环测试（Processor-in-the-loop Tests），其目的在于验证嵌入式处理器与 PC 处理器的运算差异。由于 BMS 多以嵌入式处理器为主，其运算能力及数据处理方法与 PC 平台存在一定的区别，为验证这些异同并进行修正，需要采用处理器在环测试。如图 5-11 所示，与软件在环测试不同，处理器在环测试是在目标编译器上执行 DLL 程序，其计算精确度取决于目标编译器的运算能力；而软件在环测试则是在 Windows 上执行 DLL 程序，一般借助 Visual Studio C++ 或者 LCC 编译器进行计算。另外，由于处理器在环测试的目标位于实际的嵌入式控制器中，所以处理器在环测试既可以验证代码与模型之间的一致性，也可以测试控制器的最长运行时间。

图 5-11 处理器在环测试流程图

4. 硬件在环测试

硬件在环测试（Hardware-in-the-loop Tests），其目的在于减少成本和实车测试的前提下，通过搭建硬件实物平台来验证嵌入式系统在实际应用过程中的效果。其主要包括硬件平台、实验管理软件及实施软件模型三部分。硬件平台由实时处理器、I/O 接口、通信接口、负载模拟单元、可编程电源、机柜及控制箱等元件组成；实验管理软件则配合处理器进行硬件配置管理、资源更新、功能设置及升级，提供测试指令和可视化交互界面，实现测试执行及数据存储等工作；实时软件模型则根据不同的仿真模拟软件代替实际的测试对象，如提供电池模型供 BMS 进行基本功能测试等。

5.2.4 基于 V 模型的测试验证过程

参照 V 模型开发流程，BMS 测试过程一般采用"单元—集成—系统"分别测试的方式，如图 5-12 所示，以确保 BMS 设计验证过程的周期可控、问题定位清晰。解释如下：

首先，在软硬件设计过程中，每个模块或者功能部件都必须先采用一系列的检测手段进行验证，确保模块功能、性能可以满足单元设计需求，从而完成"单元"测试工作。

其次，将功能关联的多个单元、模块进行集成，进行一系列的测试，从而验证软硬件集成效果及架构设计的合理性，这个阶段的工作称为"集成"测试。

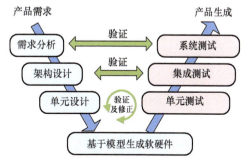

图 5-12 基于 V 模型的 BMS 测试流程

再者，若前面两项任务能通过测试，则将所开发的产品组装成系统并开展系统测试，最终形成可应用的产品，实现"系统"测试。

在上述三个环节中，每个阶段都要确认各个测试项目的结果符合设计要求和相关的标准。若某个环节测试不过关，则必须对该环节出现的问题进行分析，寻找解决方案并做出整改，其后再次进行测试，确保该环节能满足设计需求，通过测试。

根据 V 模型，将设计阶段的单元测试、集成测试、系统测试分述如下。

5.2.5 单元测试

单元测试也称为模块测试，是指在 BMS 开发过程中采用各种方法对各个环节进行验证的工作。一般来讲，单元测试都是以一定的模型作为主体，可以分为静态验证和动态验证两类，下面将着重介绍这两项验证的方法及内容。

1. 模型静态验证

模型的设计必须遵循一定的建模标准及规范，在进行模型验证的过程中，首先应根据各种规范对模型进行检查，确保所设计的模型满足相应的要求及标准。然后务必确保设计完成的模型不存在任何设计错误，否则将导致期望之外的设计或者逻辑错误，甚至造成大规模的模型改动。因此，在完成单元模型的实现后，必须对其进行静态验证，以证明其不存在设计错误，同时符合相应的建模标准和规范。

关于静态验证的工作，主要包括以下几个部分。

（1）建模规范检查

通常建模规范检查主要目的在于验证模型是否符合行业标准。一般而言，可以通过某些软件执行该功能，如 Simulink 中的 Model Advisor 工具。利用这些软件进行建模规范检查，可以将模型中不合理的地方进行检测，如配置问题、兼容性问题、结构鲁棒性问题等。目前，建模规范检查所涉及的相关标准有：

1）DO-178C 和 DO-331 标准，主要是针对机载软件适航要求和安全目标所设定的标准及相关的补充条例。

2）IEC 61508 标准，是针对电气、电子以及可编程电子部件的安全生命周期做出的一套评估方法。

3）ISO 26262 标准，是在 IEC 61508 标准的基础上针对汽车安全相关的电子电气系统所制定的功能安全标准，其目的在于保障汽车产品的功能安全能够符合汽车安全完整性等级的各项要求。

4）EN 50128 标准，是结合信息系统技术、铁路通信工程、通信设备以及电子计算机的产品所做出的相应标准，目的在于确保上述这类产品或者系统在整个生命周期的安全性。

5）MAAB 建模规范，主要是针对规范的模型建立流程及思路而做出的一套标准，以确保模型的定义、逻辑、编辑、配置等工作更加合理及完善。

建模规范检查的步骤一般可以参考以下步骤：

1）确定被检测的模型或者子系统，采用相应的模型工具或者软件进行检测。

2）对被检测的模型或者子系统进行检查，令其在模型工具或者软件上进行运行，并自动生成检查报告。

3）查看报告，根据检查报告的提示对错误或者不合理的地方进行修改，并再次执行该检查，保证改动之后没有其他错误发生，并进行备注说明。

（2）设计错误检查

为了验证所设计的模型在使用过程中可能出现的错误状态或者除零、溢出等状况，通常在模型动态测试验证前会使用设计错误检查来验证模型的正确性,以便能尽早地发现模型相关问题,提高模型检测的效率。例如,为了验证某种卡尔曼滤波的 SoC 改良算法,利用 MATLAB 上的 Simulink Design Verifier 工具箱对所编辑的 SoC 评估算法开展一系列的验证,从而检测算法的合理性。

一般而言,设计错误检查的基本步骤可以分为下面几个步骤:

1)针对被检测的模型或者系统,选择相应的设计错误检查系统或者软件,如 MATLAB 上的 Simulink Design Verifier 工具箱。

2)将被检查的系统或者软件导入工具箱中,选择需要检查的错误类型,如逻辑死循环检测、数据溢出检测、系统数据兼容性检测等。

3)在设计错误检查系统或者软件中执行检查,并且生成检测报告。

4)分析检测报告,针对检测报告所提的设计错误情况进行更改,并再次检测,直至系统或者软件没有设计错误方可结束检测。

(3)属性证明

与传统的测试方法不同,属性证明是根据模型设计原本的需求及属性,通过一定的工具验证系统或者对被测试对象本身进行设置,验证与原本需求或者属性是否一致的手段。相比穷举法以验证设计需求,这种方法可以减少实际情况无法一一举例所带来的潜在风险,提升模型设计的质量。

属性证明的常规步骤如下:

1)根据系统或者模块的某些需求,在验证数据库中选择合适的模块对模型进行属性证明,如在 Simulink Design Verifier 模块库中选择合适的模块,对电池系统 SoH 模型进行属性证明。

2)执行属性证明检查并且生成相应的验证报告。

3)查看报告,对有错误的模型进行更改,并再次进行检查直至系统或者模块无错误发生。

(4)模型设计审查

考虑到并不是所有的模型设计都能够依靠软硬件平台进行自动检查,有些必须依靠人为经验和相关的技巧进行审查。在审查模型设计的过程中,还需定制一系列的人为审查规范,以验证模型结构是否合理、建模流程是否规范完整等。图 5-13 为一般的模型设计审查流程。

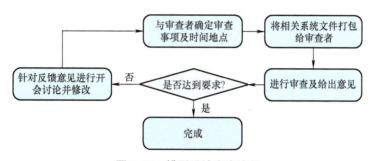

图 5-13 模型设计审查流程

与软件系统的模型设计验证不同,模型设计审查需要通过人为干预来对系统文件进行详细的审查,依靠的是审查人员对系统设计的经验及熟悉程度。通过设定规范的审查流程,并且采用"意见反馈—修改—再审查"的方式不断地检查,最终获得比较合理规范的模型。当然,在这个环节过程中,审查人员主要是对模型的总体框架、逻辑思路进行审核及判断,对于形式上、标准上或者属性上的细节验证,都需通过系统软件或者上述几类静态检查来实现。

2. 模型动态验证

模型动态验证是指采用仿真的方式对所开发的模型进行验证的过程,其主要方式多采用一定的测试数据加载到被验证模型中得到运行结果,并与预期情况进行比较和分析。

BMS 动态测试的组成如图 5-14 所示,分为五个步骤。

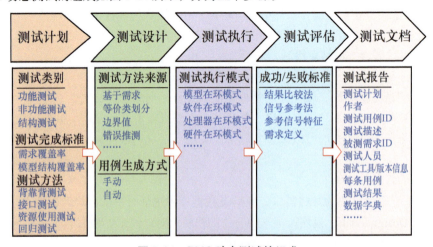

图 5-14　BMS 动态测试的组成

1)测试计划。首先确定测试的类别,包括功能测试、非功能测试及结构测试三种类型;进而根据测试类别而定义相应的完成标准,如需求覆盖率、模型结构覆盖率等;最后在这个基础上确定测试方法,如背靠背测试、接口测试、资源使用测试等。

2)测试设计。在测试计划的前提下,首先对测试方法来源进行分析,包括基于需求的测试方法、等价类划分测试方法、边界值的测试、错误推测等;并确定手动或者自动生成测试用例的方式。

3)测试执行。主要是根据测试设计的内容选定不同的执行模式,包括模型在环模式、软件在环模式、处理器在环模式、硬件在环模式等,并执行相应的测试工作步骤。

4)测试评估。采用一定的标准对测试执行的结果进行评估,其中所涉及的测试结果判断方法包括结果比较法、信号参考法、参考信号特征以及基于需求定义的比较判断方法。

5)测试文档。在获得测试结果之后,需建立一系列测试文档记录测试背景、测试内容、分析过程及结论。

以某项模型在环测试为例,模型动态验证的基本流程如图 5-15 所示。首先基于需求创建一

第 5 章　BMS 的验证

组测试用例，将该用例及被测模型放入模型在环模式的测试库中进行测试，如果测试未通过，则需返回测试准备流程，通过进一步修改后再继续；若测试通过，则生成测试覆盖率报告，确认覆盖率是否达到预期，若未达到预期，则需对测试用例进一步修正后再次进行，直至覆盖率达到预期方可完成测试。

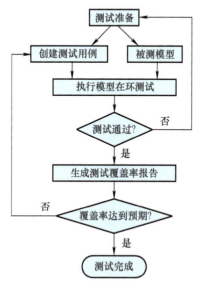

图 5-15　模型动态验证的基本流程

在进行模型动态测试的过程中，有以下几个环节需要注意。

（1）编写测试规范

以某一 BMS 的 SoC 测试为案例（见表 5-1）。测试规范必须包含用户 ID、类型、简介、需求 ID、测试类型、初始条件、测试输入、期待输出、等效类型、状态及版本信息等，并且在编制过程，需要将表格内的内容填写完整，为后续测试计划提供依据。

表 5-1　测试案例

属性	测试内容 1	测试内容 2	测试内容 3
用户 ID	SoC-1	SoC-2	SoC-3
类型	基于需求	基于需求	基于需求
简介	以全程 NEDC 为条件，要求测量各种工况下，全温度（-20~55℃）范围内，SoC 估算误差 ≤ 3%	以全程 NEDC+恒流充放电为条件，要求测量各种工况下，全温度（-20~55℃）范围内，SoC 估算误差 ≤ 3%	以恒流充放电+大倍率脉冲为条件，要求测量各种工况下，全温度（-20~55℃）范围内，SoC 估算误差 ≤ 3%
需求 ID	SoC_07	SoC_07	SoC_07
引用信号参数	MaxmV；MinmV；CurrA；SocEepr；Soh；CC-1Stat；TempMinDegC	MaxmV；MinmV；CurrA；SocEepr；Soh；CC-1Stat；TempMinDegC	MaxmV；MinmV；CurrA；SocEepr；Soh；CC-1Stat；TempMinDegC

（续）

属性	测试内容 1	测试内容 2	测试内容 3
测试类型	单元测试	单元测试	单元测试
初始条件	可以正常充放电；SocEepr=90%	可以正常充放电；SocEepr=90%	可以正常充放电；SocEepr=90%
测试输入	MaxmV=真实采集；MinmV=真实采集；CurrA=真实采集；SocEepr=90%；Soh=1；CC-1Stat=0；TempMinDegC=25	MaxmV=真实采集；MinmV=真实采集；CurrA=真实采集；SocEepr=90%；Soh=1；CC-1Stat=真实采集；TempMinDegC=25	MaxmV=真实采集；MinmV=真实采集；CurrA=真实采集；SocEepr=90%；Soh=1；CC-1Stat=实际采集；TempMinDegC=25
测试执行	MIL；SIL；B2B	MIL；SIL；B2B	MIL；SIL；B2B
期待输出	Soc_Pack 与真实 SoC 误差 ≤ 3%	Soc_Pack 与真实 SoC 误差 ≤ 3%	Soc_Pack 与真实 SoC 误差 ≤ 3%
等效类型	/	/	/
状态	未确认	未确认	未确认
版本	0.0	0.0	0.0

注：本表内容由东莞钜威动力技术有限公司提供。

（2）创建测试用例

创建测试用例可以根据测试推导方法中的一种或者多种来进行，但必须对所用的测试用例进行标记。一般的测试用例包含了时间轴、输入、输出三项内容；根据用例格式的限制与需要，可以增加参数、测试描述，甚至局部变量。表 5-2 为动力电池 SoC 测试用例的模板。

表 5-2 动力电池 SoC 测试用例模板

用例 ID	SoC-01	
测试要求	要求测量各种工况下，全温度（-20~55℃）范围内，SoC 估算误差 ≤ 3%	
测试 ID	SoC_07	
测试模式	输入	输出
步骤 1	MaxmV 检测	电池包 SoC 检测
步骤 2	MinmV 检测	电池包 SoC 显示检测
步骤 3	CurrA 检测	电池包 SoC 算法检测
步骤 4	SoC 检测	电池包 SoC 显示算法检测
步骤 5	温度检测	/
步骤 6	SoH 检测	/
步骤 7	CC1Stat 检测	/

注：本表内容由东莞钜威动力技术有限公司提供。

根据表 5-2 可知，测试用例的创建由以下几方面的分析结果得到。

1）需求分析：需求分析是最基本的测试用例设计方法，利用需求分析寻找合适的测试用例，可以验证所配置功能是否符合需求。

2）等价类分析：由于数据多样性，不可能也没有必要将测试过程中所有的数据都作为测试用例，可以通过选取特征代表点开展测试，其中代表点的搜寻方法是将输入划分成若干区域，并从每个分区中选择代表性的点作为特征代表点。

3）边界值分析：为测试用例在各种临界状态下的反应情况，在输入划分区域的过程中，将每个临界点以及前后一个单位作为边界值输入，通过测试系统对这些边界值的反应来验证系统对整个输入数据范围的处理情况。

（3）搭建测试环境

测试环境的搭建，通常分为以下几个部分。

1）输入接口：采用信号生成器的模拟方法，实现测试用例输入信号的模拟，并将这些信号作为各种单元测试的基本数据。

2）测试单元：以各种测试目标作为标准，建立不同的测试单元，形成各种单元测试项目的基本模型，如 MATLAB/Simulink 的 Test Harness 工具中的 Model reference 模块，通过在这些模块中选择各种目标模型进行测试。

3）测试用例介绍：以文本的形式对测试用例进行介绍，为单元测试提供文字性的指导说明。

4）执行确认：通过上述几个步骤所确定的单元测试模型，并根据各项输入数据对模型进行计算，确认模型测试的输出与预期输出是否一致。

（4）执行测试

执行测试指的是将测试用例进行动态仿真，对模型的实际输出和理论输出进行对比，如果一致，则通过；如果不一致，则必须通过原因分析、整改、再执行测试等环节，直至模型输出与理论输出一致，并且覆盖度达到既定目标为止。

通常，执行测试的内容包括前面所述的几种测试模式：第一，模型在环测试；第二，软件在环测试；第三，处理器在环测试；第四，硬件在环测试。具体参见 5.2.3 节。

5.2.6 集成测试

受单元之间兼容性限制、测试手段、测试流程、硬件结构及应用需求不同等因素影响，各单元集成之后的应用效果不一定就是各单元效果的加和。由此，有必要在前期各单元测试成功的基础上，将各单元进行集成，再通过各项测试方法验证集成后的效果。

为确保各单元集成效果能满足应用需求，一般集成测试可以分为集成模型测试及底层测试两类，以下将对这两类测试方式分别进行说明。

1. 集成模型测试

在完成各单元测试后，将各个模型集成到同一平台上，通过设置一系列的输入信号或者开关量，通过动态测试验证集成后的有效性。

集成测试的框架如图 5-16 所示，大体可分为如下几类测试内容。

电池管理系统（BMS）设计与制造技术

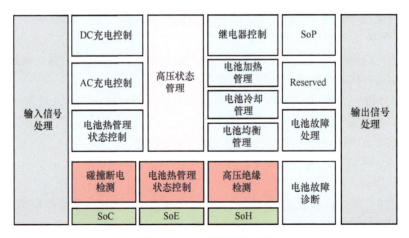

图 5-16　集成测试框架图

1）输入/输出信号测试：主要实现集成后模块与外部、内部之间的信息沟通顺畅，这类测试主要针对集成模块在通信过程中的信号传输是否准确而进行的一系列工作。

2）电平信号测试：主要针对类似继电器控制、一系列开关控制等功能而进行的测试。

3）数字信号测试：主要针对接收外部输入的信息而做出的相关反馈，或者由功能模块内部计算输出的内容，如电压、电流信号、电池 SoC、SoH 评估等数据。通过将数字信号输出结果与预期结果进行比较，验证此类信号的正确性。

4）内部程序及函数功能测试：针对系统逻辑架构的正确、稳定性而采取相应的测试工作，如系统在不同温度下对电池热管理功能所采用的策略判断等。

为了能够快速、直观地获得集成测试结果，可以通过搭建集成测试平台辅助测试。

以某电池管理系统集成测试台架为例，如图 5-17 所示，该台架分为以下几部分：

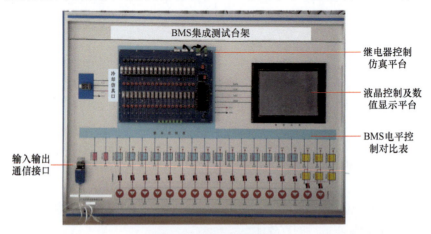

图 5-17　集成测试台架

注：图片由广州双威科技有限公司提供。

第 5 章　BMS 的验证

1）液晶控制及数值显示平台。该部分将模拟整车控制器及 BMS 内部信息处理，依托触摸屏，将 BMS 的各种控制功能按键及数值显示汇集于触摸屏上，可实现对外控制、信息显示以及 BMS 故障通信。如图 5-18a 所示，整车控制集成界面采用触摸屏控制的方式，可以仿真整车及电池管理控制等功能，实现对 BMS 各项功能的输入模拟，并根据电池系统状态模拟整车使用工况；图 5-18b 为 BMS 所采集到的电压、电流、温度信息的显示界面，其数据可以通过模拟输入信号获得。

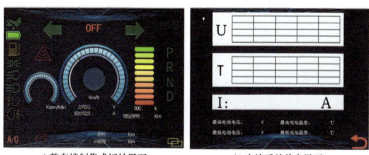

a）整车控制集成初始界面　　　b）电池系统信息界面

图 5-18　液晶控制及数值显示平台界面

注：图片由广州双威科技有限公司提供。

2）继电器控制仿真平台。如图 5-19 所示，该部分将模拟 BMS 对电平信号的控制，通过设置一系列继电器及熔丝阵列，将 BMS 的各种电平控制结果以指示灯的方式展现，从而实现对电平信号的验证。

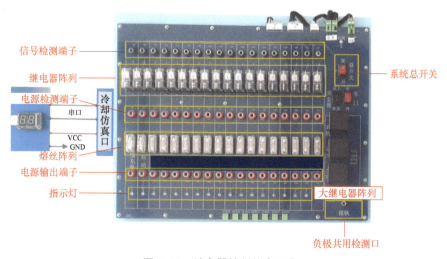

图 5-19　继电器控制仿真平台

注：图片由广州双威科技有限公司提供。

3）BMS 电平控制对比表。为了方便系统软硬件设计逻辑的验证，设置 BMS 电平控制对比表。在实际测试过程中可以根据指示灯状态,通过该表对电平控制的结果进行判断,快速获得问题存在的原因,提高测试及分析效率。

4)输入输出通信接口。理论上,输入输出通信接口是 BMS 根据电池系统采集到的各项状态信息,通过分析、处理后输出相应的数据及管控指令,并利用各种硬件实现相应的功能。为减少集成测试的成本,考虑输入和输出信息都必须满足某种特定的协议规范,因此可以将输入输出通信接口与 PC 对接,采用模拟通信的方式注入电池各项状态信息。如图 5-20 所示,在 PC 上开发电池信息仿真软件,可以模拟生成电池电压、温度、电流、整车加速状态、里程等信息,并将这些数据通过输入输出通信接口与集成模型进行连接,从而验证在各项状态下 BMS 应对处理的能力。

图 5-20　PC 端电池信息仿真界面

注:图片由广州双威科技有限公司提供。

对于集成测试的评价标准,一般可以分为两类。

1)功能性评价标准。主要针对各模块集成后在功能测试过程中的正确性及计算误差进行评价。可以通过集成测试平台对各项模块功能进行判定,并比较测试平台给出的标准数值与实际输出数据之间的误差,按照测试平台的功能性评价标准给出评价结论。

2)软件架构设计验证评价标准。在功能性评价标准的基础上,若发现输出结果与预测值存在较大偏差时,首先考虑软件架构设计存在缺陷,这种情况一般需通过两类评价进行验证:第一,函数覆盖度,用于衡量所有函数是否被调用,通过搜寻软件中未执行到的函数,计算函数覆盖面。由于各模块集成时可能存在兼容性问题,导致各模块集成运行时部分函数可能被屏蔽,从而使得功能评价结果出现偏差。通过函数覆盖度的验证,可以分析各模块集成过程中逻辑关系的缺陷,进而指导各模块集成过程中软件的优化;第二,调用覆盖度,衡量每个函数调用执行到的程度,相比函数覆盖度,调用覆盖度侧重于函数是否都能被准确调用的评价。调用

第 5 章 BMS 的验证

覆盖度的验证通常需要配合软件操作平台,在多种工况仿真的前提下,通过检查函数被调用情况的测试进行验证。

2. 底层测试

在集成测试环节中,底层测试被用于验证底层软件的逻辑合理性、设置准确性,其测试流程如图 5-21 所示。首先,根据 BMS 开发需求和模块接口的定义和说明,制定底层软件集成测试计划,包括软件架构逻辑性测试计划、协议报文测试计划、接口定义测试计划等;其次,根据实际编程代码,开展一系列底层集成测试,并出具底层软件集成测试报告;再次,进行测试总结并输出相应报告。

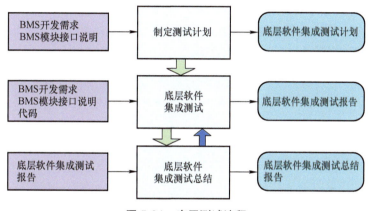

图 5-21 底层测试流程

一般而言,底层软件的设置会针对某一集成模块的实际特点开展,需综合考虑各个模块之间的兼容性、接口定义及集成逻辑情况进行编程。在测试阶段,需要通过各种定义和仿真来验证底层软件集成效果。

对许多 BMS 厂商而言,底层软件的设置、调试会占用较多的时间,大部分开发厂商会根据 BMS 的应用需求采购相应的硬件模块,而硬件模块本身会配套相应的底层代码。为确保硬件模块能够被正常使用,一般其底层代码都经过一系列验证,并且具备升级功能。所以,对大多数 BMS 厂商而言,通过采购现成的功能集成模块,其底层软件已基本配置完成,设计过程只需根据应用需求进行配置,只要系统功能可以达到测试标准,则无需进行底层测试。

然而,在测试过程中,通信质量好坏、信号是否正确传输等问题,是底层集成测试的关键,也是 BMS 产品能够成功推向市场的技术基础。此时,基于 CAN 通信的集成测试可以很好地验证底层软件、集成通信等过程的有效性。

CAN 通信测试,一般需经过测试环境定义、测试种类选择、实际测试操作 3 个环节,具体如下。

(1) 测试环境定义

为确保 BMS 能够有效地运行,需要对运行环境进行初步的设置,如设置网络管理功能、定义通信接口等。测试环境一般分为以下四类:

1)基于 CANoe 测试环境。这是一款被广泛应用于控制系统分析、仿真和测试分布式、嵌入式系统的工具,其连接电路如图 5-22a 所示,该工具可以通过显示 CAN 高低线电平和差分电压,进而对信号质量进行分析。

2)基于 SCOPE 测试环境。通过从外部作用域(CANscope)访问函数内部作用域(见图 5-22b),分析函数输出结果及观察相关输出信号。

3)基于 CANstress 测试环境。为了模拟干扰,采用 CANstress 对总线物理层和数据链路层进行干扰(见图 5-22c),从而可以实现总线失效评估、系统失效分析、配合电池控制单元协调开发测试、仿真短路和断路形态等功能。

4)地偏移测试。由于在较大干扰的情况下,CAN 线节点的地线可能存在共模干扰电压,使输入信号受到影响,容易导致输入饱和,干扰正常通信。针对这种情况,采用地偏移测试(见图 5-22d)以验证底层通信地偏移电压范围。

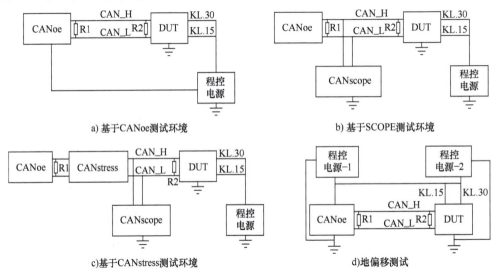

图 5-22　CAN 测试环境

(2)测试种类选择

BMS 测试种类,一般包括如表 5-3 所示的内容。

表 5-3　BMS 测试种类

序号	测试种类	描述
1	欠电压测试	通过欠电压测试验证底层电路在电压下降沿的极限阈值及电压触发阈值
2	过电压测试	通过过电压测试验证底层电路在电压上升沿的极限阈值及电压饱和值
3	显性位/隐性位电压测试	为了保障底层电路节点的输出电压阈值能够符合总线设计规范,确保模块集成后通信正常,开展显性位/隐性位电压测试,从而检测节点在隐性/显性状态下的最大差分电压或电流值情况,进而判断其是否符合设计规范

（续）

序号	测试种类	描述
4	上升沿与下降沿时间	通过上升沿与下降沿时间测试，验证模块集成后电位变化的运行时间
5	终端电阻测试	为了消除 CAN 总线通信电缆中的信号反射，通常会在电缆始端和终端跨接一个与电缆特性阻抗相同的电阻，保障电缆阻抗连续。通过终端电阻测试，验证数据收发器与传输电缆之间阻抗的匹配程度
6	Bus off 恢复延迟时间测试	当 CAN 通信出现故障时，CAN 控制器可能进入总线关闭状态（Bus off），在系统重新上电之前，涉及 Bus off 的节点无法与其他节点做数据交互。CAN 总线设计规范对 CAN 节点的 Bus off 恢复做出了严格的规定，通过 Bus off 恢复延迟时间测试，可以验证集成模块在偶发故障与持续故障的处理效率
7	数据链路层测试/报文 DLC 测试	数据链路层测试主要针对数据传输过程的各项规范进行检验，包括 VLAN、数据传输常规功能、地址学习、帧过滤、时间同步、服务质量和配置等方面；报文 DLC 测试则是针对数据长度代码（Date Length Code，DLC）的规范进行检验，其方法通过 DUT 供电、利用 CAN 卡记录介绍 CAN 报文，持续数分钟，对比 DUT 发送报文 ID 及 DLC 是否与定义相同，循环操作数次，最终进行结果评估
8	位时间测试	由于 CAN 总线设计规范对 CAN 节点的差分信号位时间有着严格的规定，要求统一总线每个节点的信号位时间必须保持高度一致性，否则可能会导致各节点无法进行通信。通过选择合适的被测 DUT 条件，测量连续 20~30 个位的隐性/显性差分电平的边沿时间，进行统计分析，进而确定位时间，保障位时间能满足设计规范
9	采样点测试	采样点是接收节点判断信号逻辑的位置，若出现采样点不一致会导致整个网络出现故障。采用注入干扰的手段，破坏采样点位置的逻辑电平，利用 CAN 报文的错误情况确定采样点位置，是当前采样点测试的主要方法
10	Busload 测试	若 CAN 总线通信网络负载（Busload）过重，有可能产生网络堵塞，影响数据通信速率。通过设置不定期的数据发送报文，验证系统负载能力
11	Bus off 处理测试	对于 Bus off 处理，分为快恢复和慢恢复两种策略，而这两种策略一般同时应用，可以采用 CAN 总线分析仪的流量分析功能测试快恢复和慢恢复的恢复时间，进而验证 Bus off 处理效率
12	总线短路/断路故障测试	由于短路会导致 CAN 线路所有控制单元发生故障，而断路则只是影响几个控制单元，根据这个规律，可以通过设置短路或者断路的方式，判断数据传输是否以单线模式进行传递，受断路影响的控制单元是否能进行正常通信等，确定总线是否存在短路/断路

注：本表内容由东莞钜威动力技术有限公司提供。

（3）实际测试操作

在执行实际测试操作时，需要配合软硬件开展底层测试。其中，测试软件包括 CAN 分析软件（如广成科技 CAN 分析调试软件 ECANTools、周立功 CAN-bus 通用测试软件 CANTest 等），而硬件则多以示波器、逻辑分析仪为主。其中，分析软件主要实现测试环境的设置及仿真，并对 CAN 信号的接收进行处理；而示波器、逻辑分析仪等则负责对 CAN 信号进行采集及相关数据显示，为各项测试提供参考依据。

5.2.7 系统测试

在完成单元测试、集成测试的基础上，可以将各部分模块集成后并与底层软件统一起来，开展系统测试。

为验证BMS的各项功能及通信是否正常，系统测试通常分为三部分：一是硬件在环台架测试；二是充放电台架测试；三是电池操作窗口测试。以下将分别进行介绍。

1. 硬件在环台架测试

BMS硬件在环台架测试指的是利用电池实物或者仿真设备，模拟各种工况，通过BMS对特定指标进行检测，比较BMS输出结果与工况设置之间的差异，实现对BMS的验证。

硬件在环台架的搭建首先要确定一定的测试条件，以东莞钜威动力技术有限公司为例，其测试环境的配置基于以下考虑：

1）遵循ISO 26262规范，具备仿真环境模型、电池模型、驾驶员模型、CAN模型等配置。

2）支持V模型开发流程，具备软件在环/模型在环测试验证环节。

3）具备实时测试系统、电阻模拟（温度）板卡、多路DI/O、AI/O、PWM_IN/OUT的高速通道及高精度电池模拟通道。

4）可实时模拟整车控制器（VCU）、电机控制器（MCU）、自动驾驶、交/直流充电桩等功能，同时支持纯电动/混合动力汽车仿真环境。

5）具备故障仿真功能，支持电池参数变化，并能根据不同工况开展相应的SoC/SoH/SoP测试。

在早期的硬件在环系统中，多以采用实体电池包，通过不同工况的充放电测试而获取电池数据，这种方式往往使得测试周期长、电池系统制造成本高、电池安全防护细节繁琐。

针对上述利用实体电池进行硬件在环测试所带来的种种困难，后续的硬件在环系统多采用具备高精度电池及其系统性能模拟的仿真测试平台为主。以中山大学自主研发的锂离子动力电池系统快速仿真验证平台为例，该平台构成由硬件系统、功能实现模块、数据库和软件算法及优化策略四部分组成，以下将对这四部分展开介绍。

（1）电池系统快速仿真验证平台硬件系统

如图5-23所示，该平台以单体电池模拟器作为基本单元，同时设置多个功能模块，包括BMS总线电源单元、电池包总电流模拟单元、电池包总电压模拟单元、温度模拟单元、IO模拟单元以及故障模拟单元等。各功能模块及电池模拟器之间采用CAN总线通信的方式进行连接。

（2）电池系统快速仿真验证平台的功能实现模块

该平台系统的功能实现模块包括以下几个部分。

1）单体电池模拟器：采用三阶RC等效电路模型进行设计（电池基准数据计算流程可参见图5-24），考虑锂离子电池在不同工况条件下的特征，采用阻抗参数可扩展单体模型进行模拟，同时还定义了环境影响（温度、充放电电流、老化程度等）优化函数。这种做法使得模拟器既能适用于定义一般状态下电池性能模拟，还能仿真各种特殊工况条件下单体电池内阻以及外部特性的变化，从而保障电池基准电压输出能达到高精度模拟的效果。

第 5 章　BMS 的验证

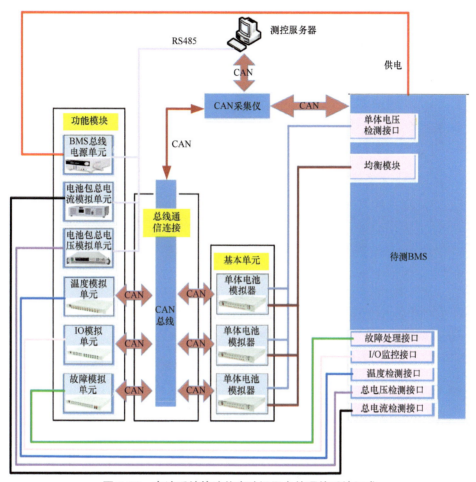

图 5-23　电池系统快速仿真验证平台的硬件系统组成

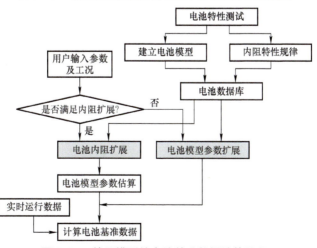

图 5-24　基于模型的电池基准数据计算流程

2）模拟发热控制模块：考虑电池环境温度、使用电流的影响，建立热力学模型，从而实现单体电池温度仿真控制。发热控制模块实物及热感应效果如图5-25所示，每个单体发热最大功率可达10W，并采用无线方式进行控制，以减小系统复杂度以及由于导线过多对电池箱空气流道造成的影响。

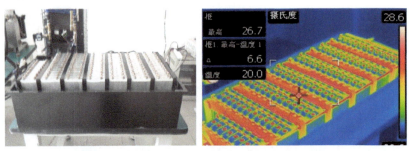

图5-25 模拟发热控制模块实物及热感应效果图

3）单体电芯外特性仿真模块：对于BMS而言，单体电芯的电流、电压、温度等外特性参数是必不可少的，因此需要根据上述参数设置多个独立模拟仿真的功能通道，并采用并行处理方式实现，其中包括故障模拟单元、I/O模拟单元、电池包总电压模拟单元、电池包总电流模拟单元、BMS总线电源单元等。各独立模块的功能及相关参数见表5-4。

表5-4 电池系统验证平台各独立模块的功能及相关参数表

独立模块名称	模块定义	相关参数	规格
故障模拟单元	支持过电压、过电流、温度过高、单体损坏等故障模拟，并可采用预警方式进行表达	类型	开关量
		工作温度	0～40℃
		通道数量	24
I/O模拟单元	负责模拟输入输出信号	通道数量	12路输入/12路输出
		额定输出	0～60V
		逻辑低电平	1V
		逻辑高电平	3.2～60V
		PWM占空比精度	≤1%
电池包总电压模拟单元	负责模拟电池系统总电压	通道数量	1
		额定输出	0～1200V
		设定值精确度	≤0.04%+400mV
		回读值精确度	≤0.04%+400mV
电池包总电流模拟单元	负责模拟电池系统总电流	额定输出	−300～300A
		设定值精确度	≤1.0%+800mA
		回读值精确度	≤0.1%+80mA
BMS总线电源单元	负责BMS总线电源的输出	通道数量	1
		额定输出电压	0～60V
		额定输出电流	0～5A
		额定功率	100W

第 5 章　BMS 的验证

（3）电池系统快速仿真验证平台支撑数据库

为保障电池模拟器能将电池性能进行高精度的仿真，需对锂离子电池开展一系列电池测试，包括不同温度（-20 ～ +60℃）下的电池倍率（≤3C）测试、电池温升测试、电池寿命评估测试等。通过一系列测试，组建电池数据库（见图 5-26），并在此基础上优化电池模拟器的参数模型。

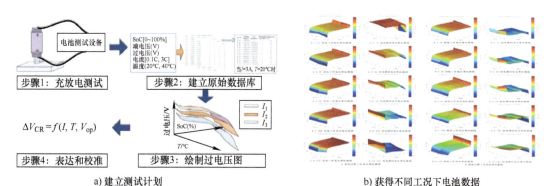

a）建立测试计划　　　　　　　　　　　　b）获得不同工况下电池数据

图 5-26　不同工况测试下电池性能数据库

（4）电池系统快速仿真验证平台基本算法及优化策略

为了让仿真平台能在一般的工况范围内表达电池的各类性能，需要根据电池数据库内的数据，建立电池内部阻抗的等效电路模型，并在此基础上提出电池各参数（如平衡电动势、SoC、电池寿命等）估计算法（见图 5-27）。同时根据电池老化不同阶段 SoC 曲线的变化，建立修正模型实现对模拟器的参数进行动态更新，实现电池组或者每个电芯在不同老化程度下外特性表现的高精度模拟。

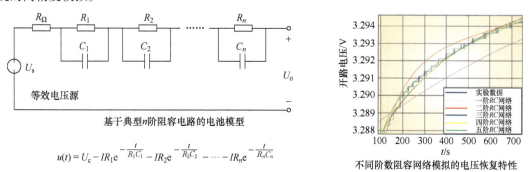

基于典型 n 阶阻容电路的电池模型

$$u(t) = U_e - IR_1 e^{-\frac{t}{R_1 C_1}} - IR_2 e^{-\frac{t}{R_2 C_2}} - \cdots - IR_n e^{-\frac{t}{R_n C_n}}$$

不同阶数阻容网络模拟的电压恢复特性

图 5-27　仿真平台基本算法及优化策略

为进一步表达电池系统在失效条件下的性能表达，该平台还通过搜集测试过程中电池故障的性能反应，建立了电池安全/异常数据库（见图 5-28），用于对电池内短路、热失效等故障的仿真。

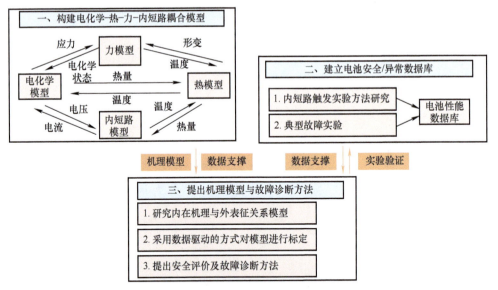

图 5-28 电池安全/异常数据库的建立流程

在上述设计的基础上,该电池系统性能快速仿真验证平台具备以下几方面的功能。

功能 1:实现对每个单体电池特性的仿真及定制化控制

验证平台利用前期一系列复杂工况下的电池测试,以三阶 RC 等效电路模型作为基准,并将电池老化、热反应等影响因素进行综合考虑,制定了动力电池全生命周期信息化与性能诊断的评价指标,在此基础上搭建电池模拟器的硬件模型(见图 5-29),该模拟器内置嵌入式控制器,可实时模拟单体电芯的特性,也可以根据上位机的指令,以秒为周期更新内置的控制参数。

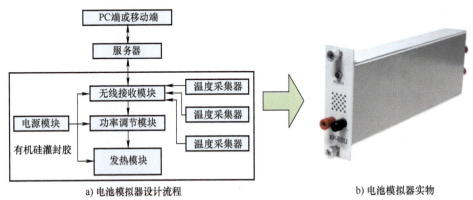

a) 电池模拟器设计流程　　　　　　b) 电池模拟器实物

图 5-29 单体电池模拟器硬件模型

功能 2:快速验证 BMS 的性能并优化 BMS 的软件设计

结合电池数据库分别定义各个单体的电压、电流及温度状态,并将单体电池模拟器进行组装,在此基础上进行硬件设计,搭建 BMS 检测平台(见图 5-30)。通过设置单体模拟器通道数、

第 5 章 BMS 的验证

输出特性、故障仿真，为 BMS 的设计提供快速验证的电池组模拟数据，简化电池测试环节。

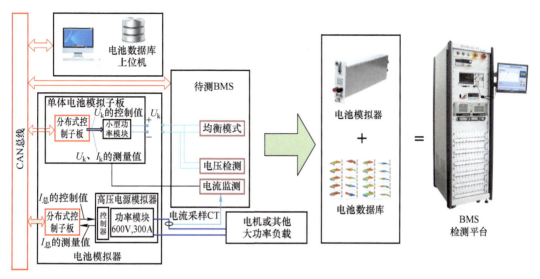

图 5-30 BMS 检测平台搭建

注：图片由西安迅湃快速充电技术有限公司提供。

功能 3：可实现电池系统多种工况的模拟

为进一步实现电池系统模拟效果，该平台还具备电池热仿真功率模块，并组成模拟电池系统（见图 5-31）。

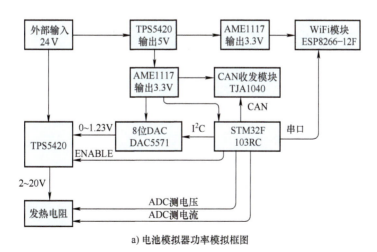

a）电池模拟器功率模拟框图

图 5-31 具备热仿真的单体电池模拟器

b）具备热仿真的电池模拟器

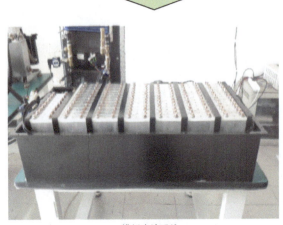

c）模拟电池系统

图 5-31　具备热仿真的单体电池模拟器（续）

在模拟电池系统的基础上，考虑整车一体化情况，分别设计电机冷却系统、电池包冷却系统、空调冷却系统，从而满足一系列整车一体化热管理仿真实验（见图 5-32）。该一体化热仿真测试平台具备三个功能：第一，通过对真实电池的性能进行模拟，可为 BMS 提供直接的电池性能数据，实现 BMS 与电池的精确匹配；第二，具备整车一体化热管理功能，通过定义不同工况下单体电池性能状态，能有效仿真电池系统在整车上的热效应情况，从而指导电池热管理策略的设计；第三，结合电池数据库及单体电池模拟器热仿真功率模块，能有效地实现多种工况环境下电池系统的性能仿真，为电池系统环境适应性设计提供直观的参考数据。

第5章　BMS的验证

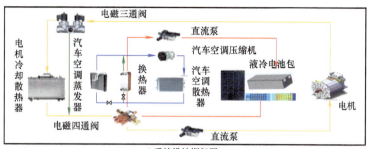

a) 系统设计框架图

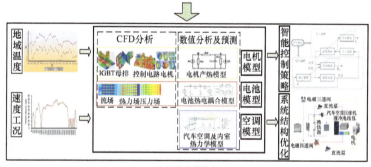

b) 系统建模流程图

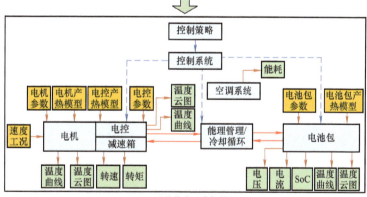

c) 系统仿真平台架构图

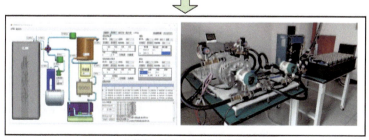

d) 整车一体化热管理仿真实验平台

图 5-32　整车一体化热管理仿真实验平台（1）

功能4：可指导电池系统安全设计

在电池安全数据库的基础上，利用上述电池系统验证平台可实现电池失效的多种场景仿真，包括：单体电池内短路及系统影响仿真、单体电池热失效及系统蔓延仿真、多数电池内短路渐变形态仿真、电池系统热效应形态仿真等工况（见图5-33），从而为电池系统失效管理和预测提供安全、可靠的应用场景。

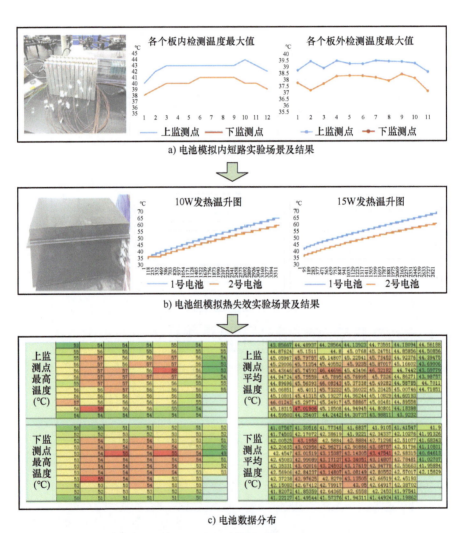

图5-33 整车一体化热管理仿真实验平台（2）

以模拟整车使用工况下的BMS实时监测为例，对某一BMS样品进行测试，其步骤如下：
1）开启设备，设置电池系统的测试条件和相关参数，见表5-5。

第 5 章　BMS 的验证

表 5-5　系统测试平台设置

电池类型	磷酸铁锂电池	电池串联数量	100 串
测试工况	自由工况	负载	空载，输出电流随机
测试起始 SoC（电压最小单体电池）	99%	测试终止 SoC（电压最小单体电池）	90%
测试起始总平衡电动势	334V	测试终止总平衡电动势	331V
测试起始一致性偏差	0.003V	测试终止一致性偏差	0.005V
测试总消耗电量	10.400Ah	测试总消耗能量	3.410kWh
测试累计充入电量	0	测试累计充入能量	0
初始环境温度	28℃	测试中电池最高温度	29℃
测试中最大温升	1℃		

2）对 BMS 开展测试，并导出 BMS 输出结果，判断其监测过程是否出现数据溢出、数据处理误差过大等情况。

通过测试后，获得 BMS 测试结果见表 5-6。

表 5-6　BMS 测试结果

测试内容	设置数据	测试结果	误差
测试起始 SoC（电压最小单体电池）	98%	98%	0%
测试终止 SoC（电压最小单体电池）	90%	90%	0
测试起始总平衡电动势 /V	334	333.968	0.032
测试终止总平衡电动势 /V	331	330.956	0.044
测试起始一致性偏差 /V	0.003	0.002	0.001
测试终止一致性偏差 /V	0.005	0.004	0.001
测试总消耗电量 /Ah	10.4	10.413	−0.013
初始环境温度 /℃	28	28	0
测试中电池最高温度 /℃	29	29	0
测试中最大温升 /℃	1	1	0

BMS 测试过程中输出的数据与原始数据对比结果如图 5-34 所示。

电池管理系统（BMS）设计与制造技术

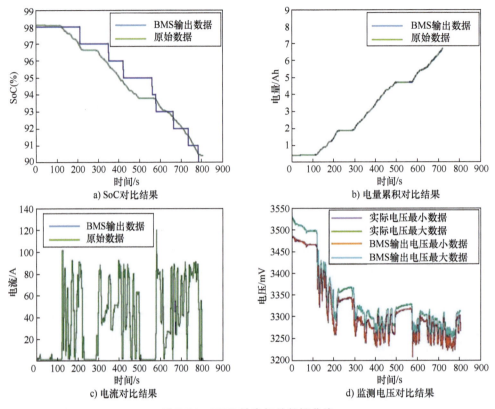

图 5-34 BMS 输出相关数据曲线

根据测试结果可知，该 BMS 样机与系统设置数据相接近，基本可以满足实际使用要求。

2. 充放电台架测试

电池充放电台架测试，主要针对电池 SoC 评估算法及不同工况的 BMS 控制策略进行验证，是一种集软硬件为一体的硬件在环测试台架。利用该设备，可以实现动力电池系统不同工况下的表现及仿真，从而验证 BMS 在电池系统充放电过程中的监测效果。

其中，电池充放电测试仿真台架样机如图 5-35 所示，为确保测试工况能够覆盖真实使用环境，其系统相关指标见表 5-7。其中，各功能单元相对独立，可以根据测试需求进行设置，从而实现不同工况的仿真。

图 5-35 电池充放电测试仿真台架样机

注：图片由西安迅湃快速充电技术有限公司提供。

第 5 章　BMS 的验证

表 5-7　测试平台相关指标

名称	参数	规格
温度模拟单元	通道数量	12
	额定输出	10～500kΩ
	分辨率	1Ω
	工作温度	0～40℃
	精度	1%
故障模拟单元	类型	开关量
	通道数量	24
	工作温度	0～40℃
I/O 模拟单元	通道数量	12 路输入/12 路输出
	额定输出电压（0～40℃）	0～60V
	逻辑低电平	1V
	逻辑高电平	3.2～60V
	工作温度	0～40℃
	PWM 占空比精度	≤1%
电池包总电压模拟单元	通道数量	1
	额定输出	0～1200V
	设定值精确度	≤0.04%+400mV
	回读值精确度	≤0.04%+400mV
电池包总电流模拟单元	额定输出	−300～+300A
	设定值精确度	≤1.0%+800mA
	回读值精确度	≤0.1%+80mA
BMS 总线电源单元	通道数量	1
	额定输出电压	0～60V
	额定输出电流	0～5A
	额定功率	100W

以验证某 BMS 样机在充放电测试及受干扰情况下的系统预测精度为例，正常情况下，BMS 样机测试步骤如下：

1）定制测试目的：在模拟实车行驶工况下，测试 BMS 的剩余电量（SoC）预测精度以及在强干扰下的电流、电压的鲁棒性问题。

2）动力电池采用三元锂电池，要求电池系统剩余能量范围为 [20%，90%]。

3）测试过程以 NEDC 循环工况（欧洲续航测试标准）作为参照规范。

4）测试累计时间：7h。

通过实验测试，正常情况下，BMS 采集的电压、电流曲线、SoC 评估及误差曲线如图 5-36 所示。通过测试对比可知，SoC 估算精度在 1.2% 以内，可以满足实际使用需求。

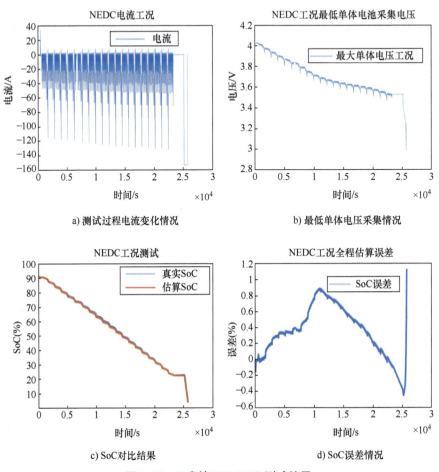

图 5-36 正常情况下 BMS 测试结果

在受干扰的情况下，其测试结论见表 5-8，相关测试数据如图 5-37 所示。通过结果可知，BMS 样品能符合正常使用需求。

表 5-8 受干扰的情况下测试数据的结果

序号	干扰项	干扰强度	原误差	干扰后误差	误差偏移
1	电流	电流增大 5%	1.2%	2.007%	0.807%
2	电压	电压采集偏低 10mV	1.2%	2.024%	0.824%
3	电流和电压	电流增大 5%，电压采集偏低 10mV	1.2%	3.199%	1.999%

第 5 章 BMS 的验证

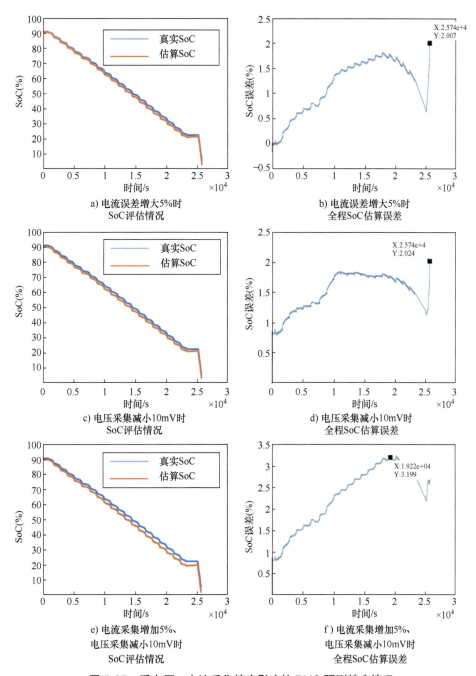

图 5-37 受电压、电流采集精度影响的 BMS 预测精度情况

3. 电池操作窗口测试

1.2.4 节中指出，工作温度、充放电倍率和放电深度在电池的健康生命周期中有着至关的重

要性，通过电池操作窗口管理，对不同温度、SoC（或单体电压）下电池充放电倍率进行限制，可以有效地防止由于过度操作导致电池损坏，延长电池寿命。

确定电池操作窗口边界的方法，目前主要以基于模型驱动的参数辨识法和基于实测推算的边界值预测法为主。其中常见的基于模型驱动的参数辨识法包括基于等效电路的电池模型和基于电化学的电池模型两类；基于实测推算的边界值预测法则以电池负极电位是否大于零作为边界条件，在特定温度场下开展不同充放电电流测试，根据电池内阻情况推测负极电位达到边界条件的充放电电流/功率，进而建立电池边界电流/功率矩阵。

上述无论哪种方法，都是为了建立一套策略充放电的电流函数 $I_c(SoC, T, t)/I_{disc}(SoC, T, t)$ 或者功率函数 $P_c(SoC, T, t)/P_{disc}(SoC, T, t)$。其中，$I_c$ 表示充电电流；I_{disc} 为放电电流；P_c 为充电功率；P_{disc} 为放电功率；SoC 为电池剩余电量；T 为电池温度；t 为允许该电流的持续时间。函数的建立可以通过对电池进行多种工况的测试及分析，从而获得在特定的 SoC、温度下电池能够承受的充放电电流或者功率边界，进而利用数据拟合的方法求解策略充放电函数。

为验证策略充放电函数的合理性及精度，开展电池操作窗口验证，可以判断策略充放电函数是否满足电池操作窗口要求，并利用验证结果为后续策略的优化提供修正数据。一般的验证方式是将策略充放电函数存储于 BMS 中并与电池系统搭配，开展电池系统充放电测试，通过采集测试过程电流及功率数据，与实际电池操作窗口数据进行对比，再利用统计方法分析策略函数的有效性。

电池操作窗口验证实验中，电池操作窗口数据的精确性是影响整个验证过程质量、确保电池使用过程安全的重要前提。为实现电池操作窗口数据的精确提取，矩阵查询法是当前比较常用的电池操作窗口数据实现方式，该方法通过一系列测试，获得在特定的温度、SoH 及 SoC 下，电池能够承受的电流/功率范围，并将相应的边界值填入以温度、SoH 及 SoC 为坐标轴的多维矩阵中。以西安迅湃快速充电技术有限公司的安全快速充电策略为例，下面将对典型的几种电池操作窗口验证方式进行介绍。

（1）多场景的充电操作窗口验证

考虑电池安全电压界限，采用恒功率的方式进行快速充电测试。为确保充电测试安全，一般选择单体电芯开展测试，以 132Ah 三元电池充电为例，为保证电池测试与真实环境一致，在充电测试前先对电池组进行实际路谱放电测试（见图 5-38a），在充电测试过程中，采用不同功率对单体电池进行充电，并且进行循环测试。

根据上述思路，通过调整充电功率，统计不同充电功率下电池充电效率、温度、寿命等情况，进而建立多场景的充电操作窗口（见图 5-38b）。根据充电操作窗口数据拟合策略充电函数，将各种工况参数代入函数，反求充电策略下的电流或者功率数值，并与充电操作窗口数据进行对比，验证策略充电函数的精度，并在此基础上完成函数的精度优化。

（2）多矩阵复合查询验证法

考虑电池整个充放电周期下内阻和温度呈现非线性的变化，单一策略充放电函数不一定能够满足整个周期下的安全边界。采用多矩阵复合法对电池安全充放电边界进行划分，同时与

BMS 的安全充电策略进行对比,一方面,可预测 BMS 对于电池操作窗口管理的效果,另一方面,对比验证后获得的偏差也可为电池操作窗口的修正提供有效的数据样本。

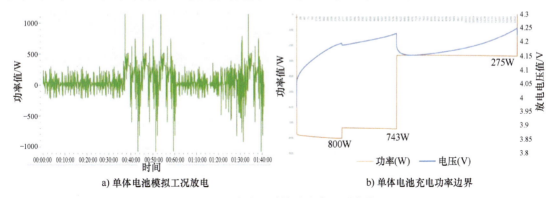

图 5-38 电池系统快速充电预测曲线

注:图片由西安迅湃快速充电技术有限公司提供;本测试模拟工况放电采用单体电池开展,在充电测试过程中,通过单体电池测试以获得充电功率边界;实际应用则根据串联后得到的模块功率作为参考。

如图 5-39 所示,通过前期的电池安全电流评测,根据 SoC 情况将电池充电电流划分为一般情况及临界情况两个矩阵,并与实际充电工况进行对比,判断实际充电策略是否符合安全充电要求。

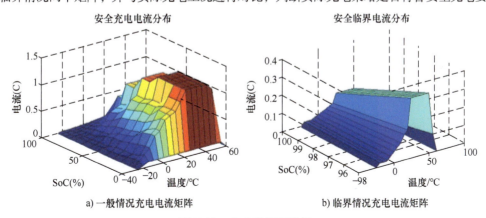

图 5-39 充电验证矩阵图

注:图片由西安迅湃快速充电技术有限公司提供。

(3)动态电压限制验证法

电池的 SoP(功率状态)研究也可以用于电池操作窗口管理中,在温度 T 下将不同的 SoC 状态下动力电池能承受的充放电电流不同这一特性转化为动力电池输出/输入功率与 SoC、工作电压 U 之间的关系表达式 $P_c(\text{SoC}, T, U)/P_{\text{disc}}(\text{SoC}, T, U)$,并将其运用在充电工况过程的功率限制上,保障电池使用安全。

以 100 串 100Ah 三元锂电池组成的系统为例,理想的电池操作窗口如图 5-40a 所示。考虑电池一致性问题,建立如图 5-40b 所示的 SoC - 单体最大电压参考曲线,若充电过程单体电池

电池管理系统（BMS）设计与制造技术

最大电压达到在对应SoC区域下的电压值，原则上需将充电模式设置为恒压充电模式，以确保电池单体安全；若单体电池在恒压充电条件曲线之下，则参考图5-40b选择相应的输出功率策略。通过将充电过程的实际功率与该矩阵表进行对比，判断其电池输入功率与本电池操作窗口之间的差异，从而实现对策略充放电方法的有效性验证。

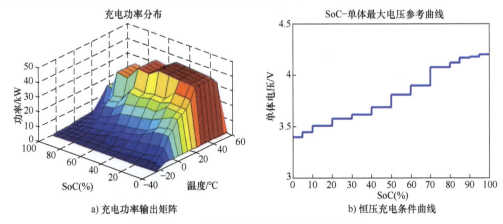

图5-40 充电功率优化及动态电压限制图

注：图片由西安迅湃快速充电技术有限公司提供。

综上所述，电池操作窗口的验证，既包括考虑实际充电策略对电池可承受的电压、功率范围的影响，同时也能为充电策略的优化提供数据参考。

5.3 面向BMS产品制造阶段的测试验证

设计、开发阶段的最后一个环节就是系统测试验证，在确认系统功能得到完全满足之后，就可以进入BMS产品的生产、制造阶段，本节着重介绍生产、制造阶段的测试验证。

5.3.1 BMS标准化品质保障体系

BMS的生产制造过程，必须遵循标准化的品质保障体系。对于大多数BMS生产厂商而言，强制要求认证通过的品质保障体系包括以下两类：

1）ISO 9001：2008标准质量管理体系，是一项兼顾客户要求和法律法规要求的保障体系，该体系将产品制造所达的品质标准进行规范管理，是体现产品质量的一项有力的措施。

2）IATF 16949汽车行业标准质量管理体系，用于规范汽车相关产品的质量，通过该质量管理体系可以使得汽车零部件的制造和生产能够满足使用者的需求，并且确保产品与安全、环境法规的要求一致。

在生产过程中，品质保障体系的要求如图5-41所示，分为以下五个层面。

1）品质方针：要以客户为导向，追求以品质为先的理念，这样才能使得产品更加具备竞争力，能够在同行竞争中取得领先地位。

2）人员配置：要求在研发、物料、生产、测试等环节中进行多层次管理，合理配置人员，追求在各项过程中都进行品质优化。

3）研发设计：要求具备评价产品可靠性和风险的能力，在此基础上开展具有一定规范的测试、分析，不断地改进产品结构、性能，适应时代发展的需求。

4）生产管控：要求在生产过程中建立驻厂工程及品质管理机制，制定一系列测试、维修、纠正措施管理的规范流程，使得生产过程能够符合质量品质保障体系的要求，确保产品质量。

5）供应商质量管控：产品零配件的品质是产品品质的前提，要求建立供应商评价、评级、筛选体系，切实保障零配件产品质量。

图 5-41　品质保障体系内容

由于 BMS 产品涉及整车使用安全，做好品质保障，生产过程必须遵循一系列标准化的流程，如图 5-42 所示，从客户提出需求到客户满意，一共分为客户导向过程和支持过程 2 个模块，这 2 个模块又分为 11 项业务管理环节，具体如下。

1）管理策划：针对客户需求，对产品的设计、生产、制造、销售、售后等环节制定总体的计划，初步确定产品生产思路。

2）客户管理过程：针对不同客户的产品要求进行管理，具体事项包括客户需求研究、产品制造难度分析、成本评估、供应周期分析等内容，通过客户管理，归纳不同客户的产品生产制造应对方式。

3）设计开发过程：建立在客户管理过程的基础上，有针对性地进行设计开发。

4）制造系统：根据设计开发的结果，开展样品的制造，并通过调试完善产品形态，最终形成产品制造工艺，确定系统性的制造流程方案。

5）生产控制与物流：针对制造系统所确定的方案，开展相应的生产，并实现生产过程的控制以及确保零配件的正常供应。

电池管理系统（BMS）设计与制造技术

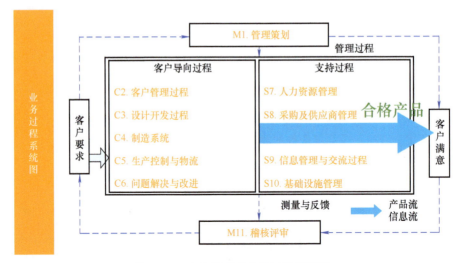

图 5-42　BMS 标准化业务过程系统图

6）问题解决与改进：针对产品在生产过程中的工艺、生产环节、产品缺陷或隐患等问题，开展存在问题讨论及分析，并在此基础上对产品进行改进。由于环节 2）~ 6）都是以客户为导向开展一系列工作，因此这几个环节构成客户导向过程模块。

7）人力资源管理：根据产品生产的需求以及工艺难易程度，对涉及产品研发生产过程的人力资源进行配置，实现产品制造与人力资源之间的协调统一。

8）采购及供应商管理：确定产品在生产制造过程中所需要的零配件，制定产品采购及供应商管理计划，确保产品零配件能满足一般的生产周期需求。

9）信息管理与交流过程：完善的生产管理过程，必须依靠完善的信息管理，同时能够在交流环节对生产制造过程的相关问题及时做出反馈，不断提高产品改进效率。

10）基础设施管理：涉及产品生产、设计、研发过程等一系列基础设施的保障，必须通过制定详细的管理计划，如设备定时使用及保养、设备操作规范、安全使用流程等，确保产品的各项制造环节顺畅。由于环节 7）~ 10）涉及产品制造的一系列配套和辅助手段，因此这几个环节构成支持过程模块。

11）稽核评审：在上述各个环节都满足的基础上，对产品进行测试和反馈，利用稽核评审判断产品是否能够满足客户需求，若存在一定的缺陷，则必须进行更改。考虑成本的因素，一般环节 2）~ 10）在首次制造过程中，都是采用样品制造的形式进行，这样能保证中途若出现缺陷或者失误，其改动对后续生产影响不大，节约成本。

5.3.2　BMS 标准化生产流程及工艺

在掌握 BMS 一系列测试标准后，生产过程必须遵循标准化品质保障体系的要求，制定一套工艺流程。表 5-9 阐述了 BMS 在生产过程中的工艺流程，大致可分为以下五个步骤：

第 5 章　BMS 的验证

1）贴片，指将 BMS 的电子零部件焊到已设计好的电路板上并进行检测验证的过程。

2）插件，指实现 BMS 与外部连接的接插件安装及测试的过程。

3）组装，指将已完成贴片和插件的 BMS 电路板与外壳或者电路防护设备拼装的过程，此步骤完成后，即形成 BMS 半成品。

4）老化，指将已组装完成的 BMS 半成品进行持续高温的测试过程，该过程可以验证各零部件与电路板之间焊接的质量，并从中将虚焊、低性能的半成品筛选出来。

5）包装，对通过老化测试的 BMS 电路板，认为其符合实际使用的要求，对其进行产品包装，并贴上合格标签，待作为产品对外输出。

表 5-9　BMS 生产工艺流程表

工艺流程表						
段别	工位	作业内容	SOP 版本	更新日期	页数	备注
贴片	1	基板清洁、贴标签	A1		1	
	2	刮锡膏	A1		1	
	3	SPI 测试	A1		1	
	4	回流焊	A1		1	
	5	AOI 测试	A1		1	
插件	6	分板	A1		1	
	7	锁端子螺钉、插件	A1		1	
	8	组装过炉治具	A1		1	
	9	过波峰焊	A1		1	
	10	取板	A1		1	
	11	剪脚	A1		1	
	12	执锡	A1		1	
	13	清洗	A1		1	
	14	外观检查	A1		1	
	15	ICT 测试	A1		1	
组装	16	外观检查	A1		1	
	17	烧录程序	A1		1	
	18	半成品测试	A3		1	
	19	点胶	A1		1	
	20	喷漆	A1		1	
	21	目检	A1		1	
	22	贴外壳绝缘纸	A1		1	
	23	组装主板	A2		1	
	24	扫描主板标签和粘贴成品标签	A2		1	
	25	装上盖及锁螺钉	A2		1	
老化	26	老化测试	A1		1	

(续)

工艺流程表					
段别	工位	作业内容	SOP版本	更新日期	页数	备注
包装	27	绝缘阻抗、耐压测试	A1		1	
	28	成品测试	A3		1	
	29	出厂程序升级	A1		1	
	30	成品检验	A3		1	
	31	终检外观	A2		1	
	32	产品端口贴3M美纹胶防护	A1		1	
	33	包装	A1		1	

注：本表内容由东莞钜威动力技术有限公司提供。

为保障BMS在生产过程的质量及性能能够获得一定程度的检验，在生产过程中会设置一系列的测试流程，目前比较常用的测试内容包括半成品测试、成品测试、老化测试、电安全测试四个环节。每个环节会设置一系列的测试SOP表，见表5-10~表5-13。

表5-10 半成品测试SOP样表

作业操作步骤	位置
1. 检查上一工位的外观是否有不良（如外壳刮伤、损坏、条码损坏等） 2. 将上一站测试良品放入测试治具内，握住手柄慢推入产品，如图a所示 3. 测试步骤：打开测试软件（CATS）>> 点击用户，选择"操作员">> 登录>>"程序执行">>"文件">>"打开" >>PWMBMS07半成品测试 >>"打开" >> 连续执行，如图b所示；当出现输入条码框，将产品条码用扫描枪识别扫入，如图c所示 4. 测试完成后屏幕下方显示"PASS"，表示测试通过（见图d），若出现红色字体（见图e），则测试不通过，需贴不良标签送修 5. 测试项目：CAN阻值测试、功耗测试、BMS通信测试、板上温度测试、单体温度精度测试、电压点测试、电压校对测试、功耗测试、BMS采集精度测试等 6. 将良品用静电箱摆放整齐并用泡沫棉隔离，以免造成外壳刮伤 7. 测试完成后的主板整齐放置在防静电托盘中 8. 激光扫描枪严禁对准人体任何部位照射，以免损伤皮肤 9. 佩戴静电手环和静电手套作业	

序号	工（治）具	规格	数量
1	静电手环		1个
2	半成品测试治具		1台
3	CATS测试平台		
4	扫描枪		1个
5	静电手套		1双

第 5 章　BMS 的验证

（续）

生产标准	注意静电
1. 自检所使用的工（治）具，材料必须符合 HSPM（有害物质过程管理）相关要求	
2. 作业时轻放，不能叠板、推板、撞板，以免损伤的元器件	防静电操作标示
操作工艺图	

注：本表内容由东莞钜威动力技术有限公司提供。

表 5-11 成品测试 SOP 样表

作业操作步骤	位置
1. 检查上一工位的外观是否有不良（如外壳刮伤、损坏、条码损坏等） 2. 将上一站测试良品放入测试治具内，握住手柄慢推入产品，如图 a 所示 3. 测试步骤：打开测试软件（CATS）>> 点击用户，选择"操作员" >> 登录 >> 程序执行 >> "文件" >> "打开" >> PWMBMS07 成品测试 >> "打开" >> 连续执行，如图 b 所示；当出现输入条码框，将产品条码用扫描枪识别扫入，如图 c 所示 4. 测试完成后屏幕下方显示"PASS"，表示测试通过（见图 d），若出现红色字体（见图 e），则测试不通过，需贴不良标签送修 5. 测试项目：CAN 阻值测试、功耗测试、BMS 通信测试、BMS 采集精度测试、板上温度测试、单体温度精度测试、电压点测试、电压校对测试、功耗测试等 6. 将良品用静电箱摆放整齐并用泡沫棉隔离，以免造成外壳刮伤 7. 测试完成后的主板整齐放置在防静电托盘中 8. 激光扫描枪严禁对准人体任何部位照射，以免损伤皮肤 9. 佩戴静电手环和静电手套作业	

序号	工（治）具	规格	数量
1	静电手环		1 个
2	成品测试治具		1 个
3	CATS 测试平台		
4	扫描枪		1 个
5	静电手套		1 双

生产标准	注意静电
1. 自检所使用的工（治）具，材料必须符合 HSPM 相关要求	
2. 将成品用静电箱摆放整齐并用泡沫棉隔离开，以免造成外壳刮伤	防静电操作标示

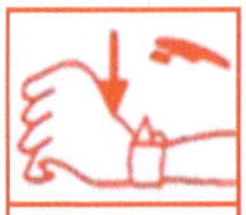

第 5 章　BMS 的验证

（续）

操作工艺图
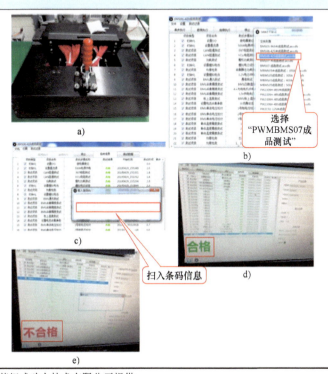

注：本表内容由东莞钜威动力技术有限公司提供。

表 5-12　成品老化测试 SOP 样表

作业操作步骤	位置
1. 检查上一工位的外观是否有不良（如螺钉是否有缺少、损伤、不平、外壳丝印模糊等） 2. 取扫描枪识别条码录入老化记录表格中存档 3. 老化条件：老化房环境温度为 75℃±5℃，老化时间 4h，产品供电 DC12V，电压采集端子输入 DC36V 4. 将待老化产品一一对应接入老化车上面的位置，插上电源插头和电压采集插头 5. 将老化车对应的插头插上电源插头，采集插头 6. 正常打开老化房设备，设定温度和时间 7. 老化过程中，如发现不良品，需对不良品标注好相应的不良信息，隔离标示送修分析 8. 老化过程如遇任何问题需反馈给生产线管理人员或工程技术人员分析跟进处理 9. 老化良品，流入下一站 10. 佩戴静电手套作业	

序号	工（治）具	规格	数量
1	老化车		1 台
2	静电手套		1 双

电池管理系统（BMS）设计与制造技术

（续）

序号	工（治）具	规格	数量
3	扫描枪		1台
4	台式计算机		1台
生产标准			注意静电
1. 自检所使用的工（治）具，材料必须符合 HSPM 相关要求 2. 将成品用静电箱摆放整齐并用泡沫棉隔离开，以免造成外壳刮伤			防静电操作标示
操作工艺图			

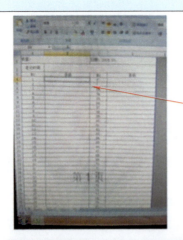

扫条码记录

注：本表内容由东莞钜威动力技术有限公司提供。

第 5 章　BMS 的验证

表 5-13　成品电气安全测试 SOP 样表

作业操作步骤	位置
1. 检查上一工位的外观是否有不良（如外壳刮伤、损坏、条码损坏等） 2. 将上一站测试良品放入测试治具内，将治具内的红色夹子与测试仪的红色夹子对接，黑色与黑色的对接，顶针要与产品下盖螺钉接触，如图 a、b 所示 3. 在测试软件上选择 PWMBMS07 测试项，取扫描枪扫描产品标签，如图 c 所示 4. 测试阻抗：电压 DC1000V，电阻 1000MΩ 以上，测试时间为 10s（测试仪器输出电压稳定后的时间），测试过程如果电阻大于 1000MΩ，则仪器亮绿灯，如果电阻低于 1000MΩ，则亮红灯并有报警，说明异常，如图 d、e 所示 5. 测试耐压：电压 DC3000V，漏电流设置为 0.1mA，测试时间 10s（测试仪器输出电压稳定后的时间），测试过程如果漏电流小于或等于 0.1mA，仪器亮绿灯，说明测试正常，漏电流超过 0.1mA，则亮红灯并有报警，说明异常，如图 d、e 所示 6. 不良品标示隔离，良品贴高压标签，如图 f 所示 7. 佩戴静电手环和静电手套作业	

序号	工（治）具	规格	数量
1	高压绝缘手套		1 双
2	绝缘电阻测试仪		1 台
3	测试治具		1 台
4	一体测试系统		

生产标准	注意静电
1. 自检所使用的工（治）具，材料必须符合 HSPM 相关要求	
2. 将成品用静电箱摆放整齐并用泡沫棉隔离开，以免造成外壳刮伤	防静电操作标示

电池管理系统（BMS）设计与制造技术

（续）

操作工艺图
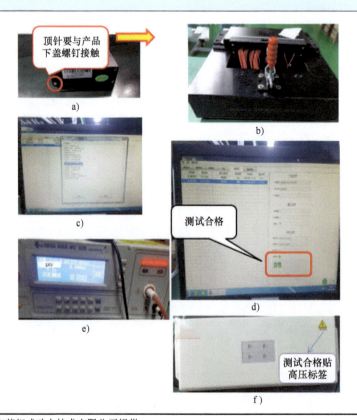

注：本表内容由东莞钜威动力技术有限公司提供。

5.3.3 BMS 产品的测试验证总结及需完善事项

前面介绍了 BMS 测试的基本流程，并将测试以结构化的方式区分为单元测试、集成测试、系统测试几个环节，并配合相关案例对这些环节的测试细节进行了阐述。

为了保障 BMS 产品能够安全、可靠地应用在新能源汽车上，还必须建立一套标准化的品质保障体系，本节对当前主流的品质保障体系进行了介绍，重点说明 BMS 产品相关的测试标准以及测试平台。最后，对 BMS 在生产制造过程的工艺步骤以及过程检验的内容也进行了说明。

事实上，在经过上述的测试后，BMS 产品还会与电池箱体相结合，通过系统集成 EMC 测试、骡车（Mule Car）集成台架测试、整车集成应用测试之后，才可以安全、合理地作为完整的电池系统放置于新能源汽车上进行使用。

参考文献

[1] 谭晓军.电动汽车动力电池管理系统设计[M].广州：中山大学出版社，2011.

[2] 谭晓军.电池管理系统深度理论研究——面向大功率电池组的应用技术[M].广州：中山大学出版社，2014.

[3] 谭晓军.电动汽车智能电池管理系统技术[M].北京：机械工业出版社，2019.

[4] 许铀.新能源汽车动力电池技术[M].哈尔滨：哈尔滨工业大学出版社，2018.

[5] 王芳，夏军.电动汽车动力电池系统设计与制造技术[M].北京：科学出版社，2011.

[6] Tan X，Zhan D，Lyu P，et al. Online state-of-health estimation of lithium-ion battery based on dynamic parameter identification at multi timescale and support vector regression[J]. Journal of Power Sources，2020，484：229233.

[7] Xu Y，Hu B，Wu T，et al. Joint estimation of state of charge and state of health of lithium-ion battery based on fractional order model[J]. Journal of Power Electronics，2022，22（2）：318-330.

[8] Xu W，Xu J，Lang J，et al. A multi-timescale estimator for lithium-ion battery state of charge and state of energy estimation using dual H infinity filter[J]. IEEE Access，2019，7：181229-181241.

[9] Fan Y，Zhan D，Tan X，et al. Optimization of cooling strategies for an electric vehicle in high-temperature environment[J]. Applied Thermal Engineering，2021，195：117088.

[10] 张蕾，杨洋，马菁，等.液冷动力电池系统热管理控制策略优化探究[J].电源学报，2022：1-11.

[11] 谭晓军，陆泳施，韦旺，等.$LiFePO_4$动力电池直流等效内阻温度特性研究[J].电源技术，2018，42（1）：27-31.

[12] 孙夏爽，段玥晨，杨号南.温差电器件内阻影响因素分析[J].电源技术，2021，45（11）：1505-1509.

[13] 许俊斌，谭晓军，梁永贤.$LiFePO_4$动力电池直流等效内阻劣化规律研究[J].电源技术，2019，43（2）：241-243，256.

[14] 王芳，孙智鹏，林春景，等.能量型磷酸铁锂动力电池直流内阻测试及分析[J].重庆理工大学学报（自然科学），2017，31（8）：44-50.

[15] 黄伟，孙蒙恩.基于内阻法测容量在配网自动化中的设计及应用[J].中国新技术新产品，2020（23）：11-13.

[16] 王阳，宁国宝，郑辉.集中电机驱动纯电动汽车电池包设计[J].汽车技术，2011（7）：32-35.

[17] 王宏伟，刘军，肖海清，等.国内外锂离子动力电池相关标准对比分析[J].电子元件与材料，2012，31（10）：83-86.

[18] 宋永华，阳岳希，胡泽春.电动汽车电池的现状及发展趋势[J].电网技术，2011，35（4）：1-7.

[19] 马钊，谭晓军.志成冠军60Ah磷酸铁锂电池循环充放电测试[R].东莞：东莞中山大学研究院，2012.

[20] 马钊，谭晓军.乔登50Ah磷酸铁锂电池循环充放电测试[R].东莞：东莞中山大学研究院，2012.

[21] 马钊，谭晓军.乔登容量评测结果[R].东莞：东莞中山大学研究院，2012.

[22] 查鸿山.纯电动汽车驱动链能量管理与优化技术研究[D].广州：中山大学，2011.

[23] 于丽敏. 纯电动汽车的能效分析、设计与控制 [D]. 广州：中山大学，2016.

[24] Santini, et al. Modeling of manufacturing costs of lithium-ion batteries for HEVs, PHEVs and EVs [C]. The 25th Electric Vehicle Symposium，2010.

[25] The Boston Consulting Group. Batteries for electric vehicles：challenges, opportunities, and the outlook to 2020. 2010.

[26] 王震坡，孙逢春，张承宁. 电动汽车动力蓄电池组不一致性统计分析 [J]. 电源技术，2003，27（5）：438-441.

[27] 陈清泉，孙逢春，祝嘉光. 现代电动汽车技术 [M]. 北京：北京理工大学出版社，2002.

[28] Chan C C，Chan K T. Modern electric vehicle technology[M]. Oxford, England：Oxford University，2001.

[29] 谢飞. 电动汽车的示范运行 [C]. 2005年中国电动车辆学术交流会，2005.

[30] 麻友良，陈全世. 混合动力电动汽车用蓄电池不一致性的影响分析 [J]. 汽车电器，2001（2）：5-7.

[31] 陈全世，林成涛. 电动汽车用电池性能模型研究综述 [J]. 汽车技术，2005（3）：1-5.

[32] 徐玮. 基于单电池寿命模型的电池一致性研究 [D]. 上海：同济大学，2009.

[33] 王震坡，孙逢春，林程. 不一致性对动力电池组使用寿命影响的分析 [J]. 北京理工大学学报，2006（7）：577-580.

[34] 王芳，樊彬，刘仕强，等. 车用动力电池循环寿命衰减的测试与拟合 [J]. 汽车安全与节能学报，2012，3（1）：71-76.

[35] 戴海峰，孙泽昌，魏学哲. 利用双卡尔曼滤波算法估计电动汽车用锂离子动力电池的内部状态 [J]. 机械工程学报，2009，45（6）：95-100.

[36] Moo C S, Hsieh Y C, Tsai I S, et al. Dynamic charge equalization for series-connected batteries[J]. Electric Power Applications，IEE Proceedings，2003，150（5）：501-505.

[37] Plett G L. Extended Kalman filtering for battery management systems of LiPB-based HEV battery packs[J]. Journal of Power Sources，2004，134：262-276.

[38] 南金瑞，孙逢春，王建群. 纯电动汽车电池管理系统的设计及应用 [J]. 清华大学学报（自然科学版），2007，47（S2）：1831-1834.

[39] 温家鹏，姜久春，张维戈，等. 电池更换模式下电池管理系统的研究 [J]. 高技术通讯，2010，20（4）：415-421.

[40] 翟建勇. 锂离子电池脉冲充放电管理 [D]. 杭州：浙江大学，2008.

[41] 马进红，王正仕，苏秀蓉. 锂离子动力电池大电流脉冲充电特性研究 [J]. 电源学报，2013（1）：30-33.

[42] 王迎迎. 电动汽车智能充电机的研究与设计 [D]. 郑州：郑州大学，2011.

[43] 余熠. 基于SOC估计算法的电动汽车充电器设计 [D]. 芜湖：安徽工程大学，2010.

[44] 杜娟娟，云庆，王兆安. 电动车铅酸蓄电池的脉冲快速充电设计 [J]. 电源技术应用，2005，8（3）：28-31.

[45] 赵键. 基于智能控制技术的铅酸蓄电池充电设备的研究 [D]. 南京：南京理工大学，2008.

[46] 周祖德，徐超. 全 CMOS 三段式锂电池充电器设计 [J]. 武汉理工大学学报，2006，28（4）：109-111.

[47] 徐智威，胡泽春，宋永华，等. 充电站内电动汽车有序充电策略 [J]. 电力系统自动化，2012，36（11）：38-43.

[48] Burkett Wilford B, Bigbee Ⅲ, John H. Rapid charging of batteries[P]. US Patent 3597673.

[49] Yury Prodrazhansky, Norcross, Phillip W Popp, et al. Rapid battery charger, discharger and controller [P]. US Patent 4829225.

[50] Yury Prodrazhansky, Phillip W Popp. Charging, thawing and formating a battery[P]. US Patent 530700.

[51] Hirokazu Hasegawa, Fujisawa, Yasutaka Iwao. Pulse charging method and a charger[P]. US Patent 5945811.

[52] Liang-Rui Chen. A design of an optimal battery pulse charge system by frequency-varied technique[J]. IEEE Transactions on Industrial Electronics, 2007, 54（1）: 398-404.

[53] Jun Li, Edward Murphy, Jack Winnick, et al. The effects of pulse charging on cycling characteristics of commercial lithium-ion batteries[J]. Journal of Power Sources, 2001, 102（1-2）: 302-309.

[54] 华梦新. 纯电动汽车整车控制策略的研究 [D]. 哈尔滨：哈尔滨工业大学，2010.

[55] 陈清泉，路甬祥，詹宜巨. 21 世纪的绿色交通工具 [M]. 广州：暨南大学出版社，2000.

[56] Mehrdad Ehsani, Yimin Gao, Sebastien E Gay, et al. Modern electric, hybrid electric, and fuel cell vehicles: fundamentals, theory, and design[M].Boca Raton: CRC Press, 2017.

[57] 王佳，杨建中，蔡志标，等. 基于模糊控制的纯电动轿车整车优化控制策略 [J]. 汽车工程，2009，31（4）：362-365.

[58] Lee Wootaik, Choi Daeho, Sunwoo Myoungho. Modelling and simulation of vehicle electric power system[J]. Journal of Power Sources, 2002, 109（1）: 58-66.

[59] 黄万友，程勇，纪少波，等. 基于最优效率的纯电动汽车驱动控制策略开发 [J]. 汽车工程，2013，35（12）：1062-1067.

[60] 胡明辉，谢红军，秦大同. 电动汽车电机与传动系统参数匹配方法的研究 [J]. 汽车工程，2013，35（12）：1068-1073.

[61] Min Chen, Gabriel A. Accurate electrical battery model capable of predicting runtime and I–V performance[J]. IEEE Transactions on Energy Conversion, 2006, 21（2）: 504-511.

[62] Xuyun Feng, Zechang Sun. A battery model including hysteresis for State-of-Charge estimation in Ni-MH[C]. IEEE Vehicle Power and Propulsion Conference（VPPC），2008.

[63] 雷治国，张承宁，李军求，等. 电动车用锂离子电池低温性能研究 [J]. 汽车工程，2013，35（10）：927-933.

[64] 肖莎. 磷酸铁锂动力电池模型的建立与应用 [D]. 广州：中山大学，2011.

[65] 许铀. 基于内阻特性的电动汽车锂离子电池组维护及使用方法研究及应用 [D]. 广州：中山大学，2014.

[66] GB/T 31484—2015，电动汽车用动力蓄电池循环寿命要求及试验方法 [S].

[67] GB 38031—2020，电动汽车用动力蓄电池安全要求 [S].

[68] GB/T 31486—2015，电动汽车用动力蓄电池电性能要求及试验方法 [S].

[69] GB/T 31467.1—2015，电动汽车用锂离子动力蓄电池包和系统 第1部分：高功率应用测试规程 [S].

[70] GB/T 31467.2—2015，电动汽车用锂离子动力蓄电池包和系统 第2部分：高能量应用测试规程 [S].

[71] GB/T 34013—2017，电动汽车用动力蓄电池产品规格尺寸 [S].

[72] 北方汽车质量监督检验鉴定实验所. 深圳市沃特玛电池有限公司锂离子蓄电池试验报告 [R]. 2009.

[73] QC/T 989—2014，电动汽车用动力蓄电池箱通用要求 [S].

[74] Wassiliadis N, Schneider J, et al. Review of fast charging strategies for lithium-ion battery systems and their applicability for battery electric vehicles[J]. Journal of Energy Storage, 2021, 44：103306.

[75] 邓林旺，冯天宇，舒时伟，等. 锂离子电池快充策略技术研究进展 [J]. 储能科学与技术, 2022, 11（9）：2879-2890.

[76] 贺嘉瑞，白辰昱，郑咏妮，等. 基于强化学习的锂离子电池健康感知快充控制 [C]// 第22届中国系统仿真技术及其应用学术年会论文集. 合肥：中国科学技术大学出版社，2021.

[77] Lin Xianke. Real-time prediction of anode potential in Li-ion batteries using long short-term neural networks for lithium plating prevention[J]. Journal of The Electrochemical Society, 2019, 166（10）：A1893.

[78] Zhang C, Zhu Y, Dong G, et al. Data-driven lithium-ion battery states estimation using neural networks and particle Filtering[J]. International Journal of Energy Research, 2019, 43：8230-8241.

[79] Mussa A S, Klett M, et al. Fast-charging to a partial state of charge in lithium-ion batteries：A comparative ageing study[J]. Journal of Energy Storage, 2017, 13：325-333.

[80] 王越. 基于车联网信息的混合动力客车智能能量管理控制策略研究 [D]. 长春：吉林大学，2020.

[81] Liu Y, Zhu Y, et al. Challenges and opportunities towards fast-charging battery materials[J]. Nature Energy, 2019, 4（7）：540-550.

[82] 孙涛，郑侠，郑岳久，等. 基于电化学热耦合模型的锂离子电池快充控制 [J]. 汽车工程, 2022, 44（4）：495-504.

[83] Shkrob I A, Rodrigues M T F, et al. Fast charging of Li-ion cells：Part Ⅱ. nonlinear contributions to cell and electrode polarization[J]. Journal of The Electrochemical Society, 2019, 166（14）：A3305.

[84] Epding B, Rumberg B, et al. Aging-optimized fast charging of lithium ion cells based on three-electrode cell measurements[J]. Energy Technology, 2020, 8（10）：2000457.

[85] Liu J, Chu Z, et al. Lithium-plating-free fast charging of large-format lithium-ion batteries with reference electrodes[J]. International Journal of Energy Research, 2021, 45（5）：7918-7932.

[86] Yin Y, Hu Y, Choe S Y, et al. New fast charging method of lithium-ion batteries based on a reduced order electrochemical model considering side reaction[J]. Journal of Power Sources, 2019, 423：367-379.

[87] Zhang Q, Li X, et al. Aging performance characterization and state-of-health assessment of retired lithium-ion battery modules[J]. Journal of Energy Storage, 2021, 40：102743.

[88] Chen X, Hu Y, et al. State of health（SoH）estimation and degradation modes analysis of pouch NMC532/

graphite Li-ion battery[J]. Journal of Power Sources, 2021, 498: 229884.

[89] Jenu S, Hentunen A, et al. State of health estimation of cycle aged large format lithium-ion cells based on partial charging[J]. Journal of Energy Storage, 2022, 46: 103855.

[90] Min H, Zhang Z, et al. A thermal management system control strategy for electric vehicles under low-temperature driving conditions considering battery lifetime[J]. Applied Thermal Engineering, 2020, 181: 115944.

[91] 饶俊. 电动汽车电池高倍率安全快充控制策略研究[D]. 广州：中山大学, 2022.

[92] Li L, Zhang X, Zhang W, et al. Recognition method for engine intake gas micelle state based on computed tomography image[C].ITNEC, 2020.

[93] 吴劲. 基于多变量分析的动力电池 SoC 评估算法研究[D]. 广州：华南理工大学, 2019.

[94] Zhang X, Li L, Xu W. Analysis of gas production in overcharged Lithium battery by X-Ray computed tomography[J]. Journal of Electrochemical Energy Conversion and Storage, 2020, 18: 021013.

[95] Zhang X, Li L, Li S. Research on overdischarge Lithium-ion battery based on X-Ray computed tomography[J]. Journal of Electrochemical Energy Conversion and Storage, 2023, 20: 041004.

[96] Xu Y, Wu J, Xu W, et al. Performance matrix analysis method of power battery system based on multi-parameters' model[J]. Journal of Electrochemical Energy Conversion and Storage, 2021, 18: 020902.

[97] Xu Y, Li J, Wu J, et al. State of charge evaluation of power battery pack through multi-parameter optimization[J]. Journal of Electrochemical Energy Conversion and Storage, 2021, 18: 031014.

[98] Xu Y, Wu Q, Yu L, et al. Voltage prediction in transient connection for power battery modules: experimental results[J]. International Journal of Control, Automation, and Systems, 2022, 20（9）, 2092-2914.